Pour la vie de mon fils

Viviane Lambert

Pour la vie de mon fils

PLON
www.plon.fr

12, avenue d'Italie
75013 Paris
Tél. : 01 44 16 09 00
Fax : 01 44 16 09 01
www.plon.fr

ISBN : 978-2-259-24322-3

1

Mon enfant se meurt !

Reims, 29 avril 2013. Le plus gros choc de ma vie. Je suis au chevet de mon fils. Mon fils, vous comprenez ? Je le vois mourir sous mes yeux. Vincent n'a rien mangé depuis vingt jours. Il est à peine hydraté. Il est là, devant moi, dans un lit d'hôpital à Reims, amaigri, affaibli, et il va mourir. Dans un jour ? Dans cinq jours ? Je ne sais pas... Mais il va mourir parce que quelqu'un l'a décidé. Un médecin lui a supprimé toute nourriture, presque toute hydratation, pour le mettre sur un chemin de « fin de vie ». Je parle à Vincent, mais il ne peut pas me répondre : il est en « état de conscience minimale », comme le disent les spécialistes. Il peut ressentir des émotions, mais il est incapable de s'exprimer. Il me regarde, et il pleure. Des larmes coulent le long de ses joues. Il va mourir, il souffre, je le sais : je suis sa mère !

L'histoire de Vincent Lambert, celle qui a fait la une des journaux, c'est la nôtre. Nous : son père, Pierre. Sa femme, Rachel. Ses frères, ses sœurs... Et moi : Viviane Lambert. Je ne le sais pas encore, mais « l'affaire

Vincent Lambert» va me propulser là où je n'aurais jamais voulu aller, sur le devant de la scène, dans les salles des tribunaux et vers les micros des télévisions et des radios. Demain, les médias feront de la bataille pour la vie de Vincent Lambert une querelle de famille, une croisade d'«intégristes»; ils s'en serviront comme plaidoyer pour le droit de mourir. Ma vie et celle de ma famille en seront bouleversées.

Au chevet de Vincent qui pleure, je ne peux pas imaginer combien le combat qui s'annonce sera long et difficile. J'ai une certitude, une seule : je devrai tout faire pour qu'il ne parte pas. Pas comme ça. Ce combat, je l'ai accepté, je l'ai voulu, et je le mènerai jusqu'au bout.

En arrivant, ce matin-là, à l'hôpital Sébastopol à Reims, nous ne savons qu'une chose. Depuis plusieurs semaines, Vincent ne reçoit plus aucune nourriture. Ce n'est pas qu'il ne la supporte plus. Vincent n'est pas malade, il est handicapé! Il n'est pas maintenu en vie au moyen de techniques compliquées! Il n'est relié à aucune machine!

Non : on a arrêté de donner à manger à Vincent parce que quelqu'un a décidé, à sa place, qu'il n'aurait pas voulu continuer de vivre dans cet état. En lui supprimant la nourriture, ils ne recherchent qu'une chose : qu'il meure.

Nous savions que c'était dans l'air. Mais si Guy-Noël, mon aîné, venu le voir deux jours plus tôt, n'avait pas remarqué que les poches d'alimentation de son frère avaient disparu, nous aurions appris le décès de

Vincent avant d'avoir été avertis de la décision de « l'accompagner vers la mort ». Nous, ses parents !

Aussitôt, Guy-Noël nous avait appelés, paniqué. Il n'avait pas voulu nous en dire davantage au téléphone : il nous disait seulement de venir, tout de suite. Nous étions à 700 kilomètres, à Mollans, dans notre maison de Provence. Je ne comprenais pas. Je venais de monter à Reims, quinze jours auparavant. J'avais vu le Dr Kariger, qui avait suggéré que nous commencions à réfléchir à « accompagner » Vincent vers la mort. Rien n'allait être décidé dans l'immédiat, il nous avait donné rendez-vous, à Pierre et à moi, le 15 mai... Que se passait-il ? Guy-Noël insistait : « C'est urgent ! » Nous ne comprenions pas.

Le lendemain, Joseph, notre fils qui vit à Avignon, nous rejoignait. C'est lui qui nous a expliqué la situation. Et là, j'ai compris. J'ai compris que Vincent n'était plus alimenté depuis plusieurs semaines. Je hurle...

Avec Pierre et Joseph, nous avons roulé toute la nuit. Dans l'angoisse de ce que nous allions trouver. Vous décrire cette longue route, les kilomètres qui passent, la peur de ne pas trouver Vincent vivant ? Je m'en souviens comme d'un cauchemar. Un cauchemar où je suis loin de mon fils qui meurt de faim et de soif. Je sais seulement que Vincent a besoin de moi.

29 avril, 10 h 30 du matin. Je pousse la porte de la chambre de Vincent. Il est endormi. Il a changé... Je retrouve son visage d'adolescent, maigre, un peu hâve. Très vite, il se réveille : il ouvre les yeux – nous a-t-il entendus entrer ? – et tourne la tête vers nous. Il nous

regarde. Et il se met à pleurer, s'agite... Joseph prend peur et se réfugie au pied du lit de son frère. La tension est énorme. Dans une demi-heure, nous verrons le Dr Eric Kariger à qui nous avons demandé un rendez-vous d'urgence : nous voulons savoir, comprendre, le convaincre d'arrêter ce « processus de fin de vie » qui est en train de tuer notre fils. Pendant ces minutes passées au chevet de Vincent, nous avons le temps de constater que tout est vrai : Vincent n'est plus nourri, et si cela continue, il n'y a pas d'autre issue que la mort.

Je ne sais pas pourquoi Vincent a pleuré, ce jour-là, en nous voyant. Je sais seulement que son regard, son agitation, ses larmes m'ont fendu l'âme. Exprime-t-il sa souffrance ? Son soulagement de nous voir à ses côtés ? Notre venue signifie-t-elle pour lui une délivrance ? Sent-il son corps partir ? A-t-il peur ? Veut-il nous dire : « Merci, vous êtes arrivés à temps » ?

Pour moi qui enrage de ne pas comprendre, c'est en tout cas une déchirure. Toutes les mamans connaissent cette sensation d'avoir mal quand leur enfant a mal. Cette douleur que nous sentons dans nos entrailles et qui ne se compare à aucune autre. Je sais au fond de moi que ses larmes expriment ce que sa voix ne peut plus dire. Je me sens si impuissante devant son incapacité à dialoguer. Mais j'entends le bruit assourdissant de son silence...

Alors je le console, comme je peux, avec des mots et en le prenant dans mes bras. J'essaie de le rassurer. Et je lui promets : « Nous allons voir le médecin. Nous allons faire tout ce que nous pouvons. »

Une grande angoisse m'étreint, différente de toutes les peurs et de toutes les douleurs que j'aie connues. Elle est bien pire que celle que j'ai ressentie lorsque nous avons appris l'accident de Vincent, cinq ans plus tôt. Savoir son enfant dans un état critique, c'est une chose : il y a toujours l'espoir. Et la certitude que les médecins font tout pour le sauver.

Le voir devant soi et savoir qu'il suffirait de lui donner un peu d'eau, un peu de nourriture, pour qu'il reprenne vie, et que cela lui est refusé, c'en est une autre. Intolérable. Indicible.

Pierre ne dit rien : c'est sa manière de réagir. Il est médecin. Face à la maladie, il a cultivé le recul, la distance. Mais je le sens profondément inquiet. Je lui montre la poche d'urine de notre fils : il n'y a qu'un peu de liquide, très foncé. Pierre a compris. Il sait ce que cela signifie. Il ignore quand Vincent va mourir : ce soir, dans un jour, dans deux jours ou davantage, mais très vite.

Je voulais être forte pour mon fils, mais je craque. Et je sors, parce que je ne veux pas que Vincent me voie ainsi. Dans le couloir, personne. Je suis seule avec cette abominable angoisse, ce sentiment d'impuissance devant le corps médical qui a pris la décision de faire mourir mon fils. Qu'allons-nous faire ? Qui nous aidera ? Une aide-soignante qui passe voit ma détresse. Gentiment, elle me dit : « Vous allez voir, tout va bien se passer. » Je me dresse : « Je ne sais pas si vous vous rendez compte : Vincent va mourir ! Personne ne nous a rien dit ! On nous a trahis ! »

Heureusement, Pierre me soutient, totalement. Je trouve le courage de le rejoindre au chevet de Vincent. Nous avons une seule pensée, sortir Vincent de cette situation absurde, mais nous mesurons aussi que nous sommes seuls face à ce corps médical décidé.

Dès 11 heures, le Dr Kariger nous a reçus. Il était sympathique. Il était même perdu... Il tournait dans la pièce en disant : «Je ne voulais pas que cela se passe comme ça.» Je crois qu'il paniquait. Oui, il a été gentil, ce jour-là... Il essayait de nous expliquer ce qu'il faisait. Il voulait nous convaincre. Il s'est même excusé de la manière dont cela s'était fait...

Cette gentillesse n'a pas duré. Une femme médecin a osé nous dire ce jour-là que Vincent avait pleuré en nous voyant à cause d'une «conjonctivite». Je crois que c'est à ce moment-là, devant ce mensonge qui ne tient pas une seconde – Pierre est médecin, tout de même ! –, que nous avons compris. Nous étions en face de quelque chose de complètement organisé.

Ces moments ont été les pires de ma vie. Il y a eu le moment où Joseph m'a annoncé qu'on était en train de supprimer délibérément la vie de mon enfant. Et celui où je l'ai vu, le lendemain, livré à une mort inéluctable, en ce 29 avril 2013. Quand j'y pense, j'ai encore le sentiment de sentir le sol se dérober sous mes pieds. Je me souviens de mon angoisse devant mon enfant... resté vingt jours sans manger.

2

« Procédure de fin de vie »

Nos autres enfants ont accouru, tous sauf l'aîné, Guy-Noël, qui avait dû repartir pour reprendre son travail. Ils étaient tous dans un état de panique. Anne est arrivée de Bretagne, dès ce 29 avril. Vincent a pleuré quand il l'a vue... Enfants, ils étaient tellement proches !

Ils ont eu la chance de vivre au sein d'une grande fratrie. Ce 29 avril 2013 aura marqué une rupture. Jusque-là, elle avait été unie et heureuse. Les retrouvailles pendant les vacances, à Mollans, étaient toujours marquées par la même joie de vivre, les cris des enfants, les grandes tablées. Je ne me doutais pas que cette unité allait recevoir un coup dont elle ne se remettra peut-être jamais.

Cela s'est fait très vite. Le Dr Kariger les a tous reçus, les uns après les autres. Il leur a parlé, il a réussi à les convaincre. Je ne sais pas ce qu'il leur a dit. Mais nous avons tout de suite ressenti cela comme une bombe : une bombe plantée au plus intime de notre famille, et qui l'a fait exploser. Je ne sais pas quelles paroles il a trouvées. Mais quand nos enfants sont sortis, ils étaient complètement retournés, même David et Anne qui ont été déstabilisés sur le moment mais qui, par la suite, n'ont jamais cessé de nous soutenir.

Mais ce jour-là, tout le monde semblait frappé de stupeur. Le silence s'est installé. Certains pleuraient. C'était l'angoisse. Nous étions tous sous l'effet du choc de la découverte de ce qu'on était en train de faire à Vincent.

Le soir même, Anne, qui doit repartir pour la Bretagne, et David déposent une lettre commune au bureau de Kariger pour dire qu'ils ne vont pas dans son sens. Mais il avait réussi à les troubler.

*

Aurais-je pu m'en douter, prendre les devants ?

Nous venions régulièrement voir Vincent, Pierre et moi. Parfois je venais seule. Jusqu'au jour où Pierre a eu un accident cardiaque, fin novembre 2012. La décision de faire mourir Vincent a été mise en place à cette période. C'était un moment où j'étais inquiète, accaparée par l'état de santé de mon mari. Je m'étais excusée auprès de Rachel : il fallait que je sois à Marseille, où Pierre se faisait opérer. Je promettais d'écrire, je téléphonais pour que Vincent puisse garder le « fil » de ma voix. Et Rachel me répondait : « Ne vous inquiétez pas, Vincent va très bien, je m'en occupe. » C'est exactement le moment où le « processus de fin de vie» commençait à se mettre en place, comme nous devions l'appendre par la suite.

Pour tout dire, je crois qu'il y a eu une espèce de revirement chez Rachel. Ou alors elle avait deux visages... Depuis quelques mois, elle prenait beaucoup de distances avec nous, avec toute la famille. Nous ne pouvions plus voir notre petite-fille. Il y avait toujours des excuses... Nous sentions bien que quelque chose n'allait pas, mais nous étions loin d'imaginer ce qui allait se passer. Nous pensions que Rachel voulait simplement prendre du recul.

Le 4 avril 2013, trois semaines et demie avant ce moment sismique où j'apprends que Vincent ne mange plus depuis vingt jours, je montais à Reims en train, seule. Pierre était en convalescence. Comme toujours, j'avais prévenu Rachel de mon arrivée par SMS. Je voulais voir ma petite-fille...

Dans le train, je reçois un message du Dr Kariger. C'est inhabituel. Je m'isole. Je le rappelle, inquiète. Il me dit : «Il faut absolument que je vous voie, tous les deux, vous et votre mari.» Je réponds que je suis seule. «Ce sera bien, rétorque-t-il, on va lui éviter tous ces désagréments.» Mon cœur se serre : que se passe-t-il ? J'appelle Pierre : est-il au courant de quelque chose ? Non : ni lui ni ma fille Marie qui m'accueille ce soir-là à Reims.

Mon rendez-vous avec le Dr Kariger est fixé au lendemain matin. Dans ma tête, tout se bouscule. Je crains une mauvaise nouvelle. Que se passe-t-il ?

J'étais venue à Reims pour voir Vincent, bien sûr, mais aussi pour parler avec Rachel de notre petite-fille, Clémence, que nous ne voyions plus. Je la retrouve au chevet de mon fils, juste avant mon rendez-vous avec le Dr Kariger. Elle est très froide. Distante.

Le temps manque pour que nous puissions nous expliquer. Le docteur m'attend : avec lui, deux médecins – Mme Simon, Mme Oportus – qui s'occupent de Vincent, et la cadre-infirmière... et aussi une psychologue. Ils ont commencé – pour la première fois – à me parler de ce qu'ils envisageaient. Nous devions « faire un cheminement ». Je devais voir Rachel, c'est pour cela qu'elle m'attendait. Je devais essayer de m'entendre avec elle, « pour ne pas la culpabiliser ». C'est exactement ce qu'on m'a dit. J'écoutais, j'écoutais... Les larmes coulaient malgré moi... Je craque, mais je me reprends.

« Vincent a un père et une mère ! Nous reviendrons. »

Je suis sortie de l'entretien abasourdie. J'ai bien compris ce qui se trame. Je suis seule, et je panique. Il faut que je me ressaisisse : il y a du temps, rien ne va se passer dans l'immédiat, nous allons nous en occuper. Mais je suis tellement mal en point que je retarde un peu mon rendez-vous avec Rachel... Je m'arrête dans un café, j'avale un sandwich, une bière, je me calme, je reprends des forces.

Lorsque j'ai retrouvé Rachel, elle pensait que nous allions parler de Vincent. Mais je m'en suis tenue à ce que j'avais décidé. Je veux parler de notre petite-fille. Pourquoi Rachel ne viendrait-elle pas en vacances avec sa fille? Nous voulons voir notre petite-fille, elle fait partie de Vincent, elle fait partie de nous...

Nous sommes fatiguées par cette rencontre. Je propose à Rachel de venir le lendemain, chez Marie, pour parler de Vincent : nous en avons besoin toutes les deux. Elle refuse, et nous ne nous sommes plus jamais revues en tête à tête.

Nous avons pourtant tout fait pour essayer d'avoir un dialogue avec Rachel, quand Pierre est arrivé, trois semaines plus tard. Cela a toujours été «non».

Au moment de cette dernière rencontre, j'avais eu la naïveté de penser que nous allions pouvoir parler de Vincent, pour mettre fin à cet invraisemblable projet de fin de vie. Je pensais que nous avions le temps. Je n'imaginais pas que, cinq jours plus tard, le 10 avril, ils allaient lui supprimer sa nourriture.

C'était ça, le «cheminement»?

En nous disant qu'il nous fallait «cheminer», on nous avait menti! C'était une mascarade... Tout était programmé. Tout était prêt.

Rachel a-t-elle été manipulée? Peut-être. Quelqu'un lui a forcément soufflé cette «solution», peut-être même fait pression sur elle pour demander qu'on y ait recours pour Vincent. Nous savons aujourd'hui – car le Dr Kariger l'a écrit dans son livre – que les deux femmes médecins qui s'occupaient directement de Vincent y étaient très favorables. C'est lui qui a pris la décision. Mais c'est l'une d'elles qui a coupé l'alimentation de Vincent, le 10 avril 2013. C'est ce qui me fait penser que Rachel a été «utilisée». On sait aussi – où est passé le secret médical ? – qu'une psychologue qui assiste Rachel rapporte ses propos aux deux femmes médecins. S'en sont-elles servi ? Ont-elles exploité sa lassitude ? Jeune mariée, Rachel a été brisée par cet accident. Je le comprends tout à fait.

Toujours est-il que le Dr Kariger, dès le départ, a accepté d'entrer dans la démarche, même s'il n'a pas totalement maîtrisé la manière dont elle s'est déroulée. Et il a assumé la décision de ses consœurs de passer à l'acte, quitte à nous salir.

Non, rien ne nous a été épargné... Le Dr Kariger a raconté à la France entière que nous ne venions jamais voir Vincent, ou très peu. C'est un mensonge qui nous fait mal ! Bien sûr, que nous n'y étions pas tous les jours : nous habitions à Mollans, à 700 kilomètres de là... Et nous ne voulions pas empiéter sur la vie de Rachel, puisqu'elle est l'épouse de Vincent : je crois qu'elle n'aurait pas apprécié que nous nous imposions dans un quotidien qu'elle continuait de partager avec son mari. Mais nous venions très souvent. Moi davantage que mon mari : il a son âge, et c'était une époque où il était fatigué. Je le ménageais. Alors, le plus souvent, je prenais le train, Marie m'accueillait à Reims, et j'y restais généralement une petite semaine – à peu près tous les mois et demi.

C'est une époque où nous retrouvions souvent Rachel, au chevet de Vincent ou ailleurs. Et puis tout a commencé à se détériorer ; elle a pris ses distances avec nous. Est-ce sous l'influence de la psychologue ? Cela s'est passé cinq ou six mois avant le début de toute cette histoire. J'en étais très affectée : nous ne voyions plus notre petite-fille. Et les frères et sœurs de Vincent pas davantage : ils en étaient outrés. Rachel restait dans sa bulle, et elle éloignait tout le monde.

3

Il faut sauver Vincent !

Deux semaines et demie plus tard j'allais découvrir à quel point on nous avait trompés, leurrés. Les quinze jours les plus longs de ma vie ne faisaient que commencer. Tout se mélange dans ma tête, mes souvenirs s'entrechoquent. Je me rappelle nos rencontres avec le Dr Kariger. Il nous parle encore et toujours de la prétendue volonté de Vincent, comme s'il le connaissait. Un jour – paraît-il –, Vincent aurait dit à Rachel qu'il ne voudrait pas se trouver dans la situation qui est aujourd'hui la sienne : dépendant, tétraplégique, incapable de communiquer. Je ne comprends pas : il est dans cet état depuis cinq ans, et Rachel n'en a jamais rien dit. Nous portions Vincent avec amour, chacun comme il le pouvait, en l'associant à nos joies et à nos peines familiales. Et le voici qui se meurt...

Nous nous battons contre la montre. Nous nous battons pour Vincent. Il faut tout essayer. Nous parlementons, parlementons encore. Nous voyons les médecins. Où trouver des soutiens ? De rendez-vous en rendez-vous, de coup de téléphone en coup de téléphone, nous remuons ciel et terre. Le temps court si vite... Chaque heure qui passe réduit nos chances. Comment se faire entendre? A qui s'adresser? Que faire? Vers qui se tourner? Comment obtenir que cesse cette situation absurde, qu'on redonne à manger à un jeune homme qui n'était pas du tout mourant, qui n'est pas du tout malade, pas même en «état végétatif» comme ils disent ni dans un coma? Vincent est dans un «état pauci-relationnel», capable de ressentir douleur et agrément, tristesse et bonheur!

Ne savent-ils donc pas, ces médecins, qu'on ne laisse pas mourir un être humain? Que la vie du patient est sacrée? Qu'on ne doit pas le pousser vers la sortie et le «faire mourir» sous prétexte de le «laisser mourir»? Vincent n'est pas en fin de vie! Il est seulement fragile et dépendant : confié aux biens portants pour qu'ils prennent soin de lui, et non pour qu'ils le maltraitent.

Mais il paraît que la loi française permet cela. Elle permet qu'une personne très handicapée, qui affirme sa fatigue de vivre, puisse réclamer de ne plus manger et de ne plus boire jusqu'à ce que mort s'ensuive. Et si elle n'est pas en mesure de dire sa volonté, on peut affirmer qu'elle l'aurait voulu, sur la foi d'une «directive anticipée», ou même d'un simple témoignage. C'est la loi Leonetti de 2005 qui l'affirme.

Elle a été votée dans la foulée d'une autre «affaire» : celle de Vincent Humbert, cet ancien pompier tétraplégique qui voulait mourir parce qu'il ne supportait pas son handicap. Plutôt que de soigner sa dépression, ils l'ont utilisée. Son cas a servi au lobby de l'euthanasie.

La loi Leonetti, on l'a bien dit au moment de son adoption, allait éviter aux futurs « Vincent Humbert » de se trouver dans une impasse. C'était l'euthanasie sans l'euthanasie, le suicide assisté déguisé en « arrêt de soins ». Car même si c'est à la demande d'un patient ou de ses proches, mettre fin à la vie de quelqu'un en le privant d'alimentation est d'une extrême violence.

Avant que cette loi Leonetti ne s'abatte sur notre famille, je n'en avais guère entendu parler. Nous nous trouvons soudain face à un pouvoir inconnu et massif, une logique que nous ne comprenons pas – parce qu'elle est invraisemblable. Il va falloir se battre sur le plan juridique. Vers qui se tourner ? Y a-t-il un avocat spécialiste de la loi Leonetti ?

Vincent perd tous les jours un peu plus de forces. Nous voudrions passer chaque minute à son chevet. Mais justement, chaque minute que nous laissons passer sans rien faire est une démission... Il faut trouver de l'aide : quelqu'un qui puisse nous conseiller, un avocat. Appeler à droite, à gauche, nouer des contacts, essayer de traverser les murs et déplacer les montagnes... A l'hôpital, on nous parle de cheminement, d'apaisement, d'acceptation de « ce que Vincent aurait voulu ». Mais Pierre et moi sommes dans l'action. Nous ne nous résignerons pas. On est en train de nous voler la vie de notre fils, on a même essayé de nous voler sa mort : qu'auriez-vous fait, à notre place ?

Nous avons même vu l'évêque de Reims, Mgr Jordan. Il a accepté de nous recevoir. Il nous a dit le plus grand bien du Dr Kariger. Mais il nous oriente vers l'aumônier de l'hôpital. Celui-ci sera pour nous un véritable soutien. Il nous dira que nous sommes courageux. Il nous dira même qu'il se souvient des cours d'éthique qu'il a reçus de celui qui est aujourd'hui l'évêque coadjuteur de Reims, Mgr Bruno Feillet : « Vous avez raison, nous dit-il, on est en train de faire mourir votre fils. » C'est ce prêtre qui venait déjà voir Vincent lorsque nous le demandions, et nous avons de très bons rapports avec lui. C'est ce prêtre qui lui a donné, à ma demande, pendant ces jours si difficiles, la communion et le sacrement des malades. Et j'ai reçu la communion en même temps que mon fils. Un moment d'une intensité extraordinaire...

Je n'arrive plus à dormir, je ne mange quasiment plus. Pendant toute cette période, nous sommes logés dans une maison d'accueil près du CHU. Nous allons régulièrement à la chapelle de l'hôpital. Nous prions... Nous sortons... Nous pleurons... Moi surtout. Les enfants m'appellent. Gentiment, ils me disent de me faire une raison. Mais je sais que ça ne doit pas se passer comme cela : ce n'est pas normal !

Je porte en moi une image particulièrement vive. C'est celle de Vincent, neuf jours après notre arrivée à Reims. Nous arrivons dans la chambre : les volets sont clos. Vincent a les yeux fermés, ses joues sont creuses. Il n'y a qu'une toute petite quantité d'urine rouge foncé dans sa poche. Je me dis : « C'est terminé. » Je regarde Pierre : « Qu'est-ce qu'on fait ? » Il me répond : « Il va partir. » Nous sortons, bouleversés :

Pierre m'explique que Vincent va faire une complication rénale. Et ce sera fini. Nous demandons à voir le Dr Kariger, nous le supplions une dernière fois. Nous l'avions vu tous les jours, nous le suppliions de remettre la nourriture. Il a toujours refusé. Ce jour-là, sa dureté nous transperce : « Non, c'est non. »

Et Rachel ? Nous ne l'avons pas vue, tout au long de ces jours d'angoisse...

Le premier jour – ce fameux 29 avril –, elle était dans le couloir. Je l'avais prise dans mes bras, je l'avais serrée contre moi... C'était un marbre. Rendez-vous compte : nous avions parlé des obsèques de Vincent ! Pour elle, pour eux, tout était prêt dans leur tête.

J'étais désemparée. Je demandais à Rachel si elle avait prévu quelque chose : « Dis-nous, explique-nous ! » Nous apprenons qu'elle avait « commandé une place ». Pour elle, tout est bouclé, tout est organisé. Et pour moi, Vincent va mourir.

Voici venu cependant le temps de l'espoir. A force d'appeler des amis, des médecins, nous finissons par être mis en relation avec un jeune avocat, Jérôme Triomphe. Coïncidence, je l'avais connu tout gamin – il a un an de plus que Vincent. Mais on s'était perdus de vue. Je ne savais même pas qu'il était avocat. Et si nous sommes dans l'étonnement de le retrouver, il est, lui, dans la stupéfaction de voir qu'aujourd'hui, en France, on puisse invoquer une loi pour mettre en place un tel processus. Stupéfait, remué et indigné. Dès le début de cette longue aventure que nous allons vivre avec lui, Jérôme Triomphe va analyser jusque dans ses moindres détails cette loi Leonetti, si mal connue, qui a suscité si peu de contestations, de jurisprudence. Je crois bien qu'il y a passé ses nuits...

Immédiatement – car le temps est compté –, Jérôme saisit le procureur de la République par fax pour lui demander de se saisir du dossier. Mais nous sommes le 8 mai 2013, jour férié. Pour être certain que l'information soit transmise, il nous demande, à Pierre et à moi, d'aller au commissariat pour remettre la copie du fax envoyé au tribunal. Il ne s'agit pas, ni pour notre avocat ni pour nous, de porter plainte pour assassinat, mais de faire intervenir les forces de l'ordre. La police va nous entendre pendant deux heures. En même temps, Jérôme prépare le dossier pour un référé-liberté.

Il est déposé le jeudi 9 mai. C'est le jour de l'Ascension. Les jours fériés se suivent, cela ajoute à notre angoisse. Vincent tient toujours bon. Mais la justice interviendra-t-elle à temps ?

L'affaire est tellement urgente que le tribunal siège un samedi : le 11 mai, à 11 heures. En plein « pont » de l'Ascension.

Vous parler de l'audience ? Elle a duré près de deux heures. Un moment très éprouvant. Nous n'avions jamais assisté à un procès : nous voici devant les juges, pour défendre la vie de notre fils ! Je suis dans la peau de la mère d'un condamné à mort... J'ai la gorge serrée. J'ai soif : une soif inextinguible. C'est long, très long. Nous sommes face aux juristes ; il n'y a pas encore les médias. Je sais que tout va se décider dans les heures qui suivent.

Mais j'ai le sentiment que nous allons gagner. Le Dr Kariger n'a pas d'avocat, il ne se montre pas sous un côté déplaisant. Il a parlé avec Jean Paillot, notre deuxième avocat, spécialiste de l'éthique médicale que Jérôme a appelé à ses côtés en raison de sa grande expérience. Nous en arrivons même à penser que le Dr Kariger a entendu raison, qu'il a compris son erreur. Il va jusqu'à dire à l'un de nos avocats que si le tribunal lui donne tort, il demandera que Vincent soit transféré. Il n'a pas tenu parole.

L'espérance est là, mais l'angoisse n'a pas disparu, ni la tension. Qu'elles furent longues, ces heures où nous avons attendu la décision des juges ! Le temps s'était arrêté. C'était une radieuse journée de printemps... Il doit être 17 heures lorsque la décision tombe. Vincent va vivre ! Nous avons gagné ! Oui, c'est un soulagement, une joie indescriptible ! Même si pour moi la décision était une évidence, il nous fallait l'entendre...

Et maintenant, nous dépêcher pour rejoindre Vincent.

Je n'ai toujours pas compris comment il a pu survivre aussi longtemps, trente et un jours sans manger et quasiment sans être hydraté. C'est dire – en dehors de son handicap – sa résistance, sa bonne santé. Son goût de vivre, surtout !

Mais au milieu de toute cette euphorie, le cauchemar n'a pas disparu. Je ne peux pas cesser de penser à ce qu'on a fait à Vincent, d'autant que le juge de

Châlons est du même avis que nous. Et puis, en ces quelques jours de folie, j'ai vu notre famille éclater, je l'ai dit : c'est une bombe qui l'a détruite, de l'intérieur. Au cours des cinq années qui ont suivi l'accident de Vincent, nous l'entourions tous, il faisait partie de notre vie, nous l'aimions tel qu'il était. Nous faisions tout pour lui donner encore plus d'affection. Comme il n'y avait plus d'échange verbal, nous faisions encore davantage pour lui faire sentir que nous étions près de lui, par la musique, par les mots, par les gestes. Moi qui suis sa mère, moi qui l'ai toujours connu, je n'ai jamais douté qu'il m'entend, qu'il nous entend. Quand nous étions éloignés de lui, on lui faisait écouter des enregistrements de nos voix, pour lui dire que nous étions tous là pour le porter. Et puis toute cette relation que sa grande fratrie avait avec lui a volé en éclats, elle aussi...

Au milieu de l'amertume de ces quinze jours sans fin je n'avais pas cessé d'espérer parce que notre cause était juste.

C'est ce qu'a dit le juge de Châlons : il a rappelé que « le droit au respect de la vie constitue une liberté fondamentale ». Il a précisé que « l'action ou la carence » d'un établissement de santé qui renonce à protéger un patient porte « une atteinte grave et manifestement illégale à cette liberté fondamentale ». Il a dit que nous avions le droit d'être entendus au cours de la « procédure collégiale » qui a abouti à la décision de cesser d'alimenter Vincent, et qu'il n'en a rien été. Bref, le tribunal de Châlons a fait justice.

Pour moi, ce résultat positif était tellement normal que l'affaire était classée. Terminée. Vincent était sauvé, on allait tout reprendre de zéro.

4

« De toute façon, je recommencerai ! »

C'est dès le soir de la décision du tribunal administratif de Châlons-en-Champagne que nous avons commencé à comprendre à quel point nous nous trompions. En apprenant notre victoire, Jérôme, notre avocat, qui est resté auprès de nous, nous dit de téléphoner de toute urgence au Dr Kariger pour qu'il remette en route l'alimentation de Vincent. Stupéfait, le Dr Kariger nous dit :

« Mais qui rebranche, c'est moi ?

— Oui, puisque nous avons gagné !

— Eh bien, moi, je n'en sais rien, dit Kariger.

— Si, le tribunal l'a décidé, il faut rebrancher Vincent, on arrive. »

Ce sera fait. Dès cet instant-là, Vincent reçoit une perfusion de glucose, avant d'être de nouveau alimenté par sonde gastrique, comme il l'avait été pendant des années.

Nous reprenons la route de Reims. Encore un moment fort, inoubliable : en poussant la porte de la chambre de Vincent, nous le découvrons transformé.

Il bouge, il s'agite, il se tourne vers David et le regarde, fixement. Il se tourne vers nous. Et nous l'embrassons, nous le rassurons. « Vincent, c'est notre avocat, c'est Jérôme qui t'a sauvé la vie ! »

Pour moi, c'est évident : il est heureux. Il reprend vie. Il l'a retrouvée. Il s'exprime, son regard est alerte. Lui qui ne faisait plus que dormir les dernières fois où nous l'avions vu... Notre intention, dès ce moment-là, est de le sortir de cet hôpital. De le prendre avec nous, dès que ce sera possible. Comment voulez-vous que nous ayons confiance en une équipe médicale qui a voulu précipiter notre enfant vers la mort ? Qu'est-ce qui pourrait nous empêcher de le prendre en charge, nous, ses parents, qui sommes prêts à nous occuper de lui ?

En sortant de la chambre de Vincent, nous nous retrouvons, avec Jérôme, dans le couloir : nez à nez avec le Dr Kariger. Il est furieux : « De toute façon, je recommencerai ! » L'échange avec Jérôme sera vif.

Nous voyons Marie arriver, qui soutient Rachel, effondrée comme si on venait de lui apprendre le décès de son mari. Marie nous a dit bien souvent par la suite qu'elle se fichait de ce que voulait Rachel : « C'est pour Vincent. Vincent n'aurait pas voulu être comme ça ! » Mais moi non plus, je n'aurais pas voulu être comme ça. Ni personne, d'ailleurs.

Notre fille est en colère, et Rachel pleure... Marie l'éloigne de nous. La communication est devenue impossible.

5

Un « refus de vivre » ?

Tout est parti d'un « doute ». Des aides-soignantes ont paraît-il fait savoir à l'équipe médicale – à l'automne 2012 – que Vincent montrait des signes d'inconfort pendant les soins de toilette. Nous n'en saurons jamais davantage... Ces signes ont déclenché une réflexion au mois de décembre, et cette réflexion a débouché sur une « procédure collégiale » – en février et mars 2013, selon le Dr Kariger, puis une décision, qu'il assume. Si Vincent montre des signes d'inconfort, c'est qu'il y a de sa part un « refus de soins ». Et s'il refuse les soins, c'est qu'il ne veut plus vivre. Et s'il ne veut plus vivre, c'est qu'il veut mourir. Eh bien, on va l'y aider !

Avec de tels raisonnements, nous serions nombreux à ne plus être là aujourd'hui...

Et moi qui croyais que les équipes soignantes cherchaient justement à assurer le confort du patient, à rectifier ce qui peut le gêner à un moment ou à un autre ! Si Vincent n'allait pas bien, ne fallait-il pas d'abord chercher une solution pour lui permettre de mieux vivre ? Et qu'on m'explique, alors, pourquoi justement à ce moment-là le Dr Kariger nous disait, à nous, que Vincent n'était pas un patient compliqué, et qu'il pouvait même partir en vacances avec nous dans une voiture confortable... J'y reviendrai.

Mais il faut que je sois précise. Le Dr Kariger et son équipe n'ont pas évoqué un « refus de soins ». Non : ils ont dit que l'attitude de Vincent à certains moments, à partir de septembre 2012, avait « laissé soupçonner un refus de soins ». C'est sur une simple « suspicion » qu'ils ont décidé qu'il fallait lui supprimer tous les soins. (Une loi des suspects ?)

Et pour cause. Vincent ne peut pas s'exprimer. Il peut manifester son inconfort : ça, je le sais, et je suis même la première à le voir : quand il a chaud, quand il est gêné, quand il a mal. Mais aller jusqu'à interpréter un mouvement, un plissement de front, des larmes, une agitation... comme un refus de vivre ? C'est aller vite en besogne, tout de même ! Et s'il est capable de « refus », c'est donc qu'il vit ! C'est qu'il est conscient de ce qui l'entoure ! On n'a jamais vu un « légume » manifester son refus du couteau du jardinier ni des fleurs protester parce qu'on les arrose...

C'est une interprétation, soit dit en passant, qui n'a jamais été admise par les experts qui l'ont examiné par la suite, lorsque l'affaire a abouti devant le Conseil d'Etat.

Il faut être cohérent. Soit Vincent est capable de ressentir un mal-être, et alors il fallait, il faut le soigner mieux. Soit il devrait être mort de son handicap, on ne maintient ses fonctions vitales que par des moyens techniques exagérés, et alors il est vraiment en «survie artificielle», comme ils l'ont encore précisé. Mais il n'y a jamais eu de «refus de soins», et dans ce cas tout ce qu'on nous a raconté pour prétendre qu'il réclamait sa propre mort par faim et par soif n'est qu'un montage absurde ou une interprétation abusive.

Mais Vincent serait-il donc mort au monde à défaut d'être en mort cérébrale, comme on nous le dit aujourd'hui? En «survie artificielle»? Tout en moi hurle que ce n'est pas vrai. Je le vois vivre, évoluer, souffrir, se calmer, veiller et dormir. Je le vois parfois réagir à nos sollicitations. Quand je rends visite à Vincent, je ne passe pas des heures à côté d'une «chose» sans âme...

Je n'arrive pas à m'expliquer «l'affaire Vincent Lambert» s'il n'y a pas eu une volonté personnelle d'en finir avec sa vie. A aucun moment, on n'a essayé de nous faire comprendre, de nous expliquer ce qui se passait, de nous laisser nous exprimer – alors que nous avions tant de choses à dire.

Et jamais, jamais, jamais aucun aide-soignant ou infirmier ne nous a dit que Vincent avait un problème, qu'il allait mal, ou qu'il refusait les soins...

Pourquoi ont-ils tout mis en route derrière notre dos? Que craignaient-ils? Avaient-ils si peur des échanges qu'ils aient préféré nous mettre devant le fait accompli?

Vincent aimait la vie. Il aimait son métier d'infirmier en psychiatrie. C'était un homme jeune en pleine santé, plein de vigueur. Mais est-ce assez pour dire qu'il n'aurait pas accepté son handicap ? Pour décider à sa place, alors qu'il n'a laissé aucun écrit ? Un accident, par définition, nul ne peut le prévoir... De quel droit ont-ils décidé de ce que Vincent « aurait voulu » ?

La première procédure collégiale médicale à propos du « refus de soins » pour Vincent, nous l'avons su par la suite, s'est déroulée au CHU Robert-Debré de Reims, avec le Pr Blanchard. En février 2013, d'après le Dr Kariger. Nous avons aussi su par la suite que l'équipe médicale qui a mené cette réflexion n'était pas unanime pour le faire mourir. Il y en a eu une deuxième, en mars, où plusieurs personnes continuaient de manifester leur désaccord. Mais tout s'était préparé, mis en place en amont, au moment où nous ne pouvions pas être là, lorsque Pierre était opéré d'urgence en novembre 2012. Sans chercher malice, avec le recul, nous trouvons cela troublant... Curieux, et même révoltant, disons-le.

Le 5 avril, lorsque je suis « convoquée » par le Dr Kariger, il ne me dit rien de précis sur la manière dont les choses vont se passer. Il me parle de « procédure de fin de vie ». De « cheminement ». Mais si un cheminement va dans une direction bien précise, il prend aussi du temps... Et je crois avoir du temps. Je n'envisage pas, je n'arrive même pas à imaginer à ce moment-là qu'une décision est déjà prise ni comment elle va être appliquée.

Je n'imagine pas qu'ils adopteront le pire moyen de tous : laisser mourir Vincent en le privant de nourriture et d'hydratation. Une souffrance atroce ! Je serai confrontée, une quinzaine de jours plus tard, à cette situation impensable. Aujourd'hui elle m'obsède.

6

« Survie artificielle » et « symbolique de la nourriture »

Souffrait-il ? Lorsque nous l'avons trouvé, en ce triste 29 avril, il dormait, il avait l'air paisible. Mais il n'avait certainement pas de sédation, car il s'est réveillé très vite, et il a pleuré. Vincent était de toute façon très affaibli : la mort n'était pas loin.

Et on ose venir dire – je l'ai lu dans des articles sur « l'affaire Vincent Lambert » – que, si je m'acharne tellement pour qu'on continue de nourrir mon fils, c'est parce que je suis sa mère. Parce que la nourriture a une « fonction symbolique ». Comme si on ne lui donnait à manger que pour faire plaisir à sa maman. Mais c'est à lui que la nourriture profite ! La nourriture lui permet de vivre, comme elle le permet à chacun d'entre nous ! Comment ose-t-on dire que la nourriture est un traitement « déraisonnable » ? On donne même à manger à ceux qui sont en fin de vie, sauf s'ils ne le supportent plus. Et même aux condamnés à mort...

On ose dire que nous sommes des idéologues inhumains parce que nous voulons qu'on donne à manger à notre fils. C'est inouï... Le monde à l'envers !

La «symbolique de la nourriture», je veux bien. Ils peuvent inventer ce qu'ils veulent. Mais moi, je pense d'abord à Vincent. Je l'ai porté, et quand il est né, je l'ai nourri. Comme toutes les mamans du monde, je n'avais qu'un souci : qu'il ait ce dont il avait besoin, à boire, à manger, de la chaleur, de l'amour. Je l'ai même nourri assez longtemps : si le cœur d'une maman parle, son corps aussi. Dans cette chambre d'hôpital à Reims, j'avais l'impression de l'enfanter une seconde fois, j'avais mal! Mal de savoir qu'il n'était pas alimenté. Et pire encore, de savoir que la médecine ne voulait plus agir. Une mère ne peut pas vivre une telle situation, ce n'est pas possible...

Une autre chose me fait mal, un autre jugement sur Vincent : lorsqu'on explique qu'il est en «survie artificielle». Uniquement parce qu'il est nourri par sonde. Savez-vous pourquoi il est nourri par sonde? Parce qu'il avait perdu son réflexe de déglutition au moment de son coma, après l'accident. On avait peur qu'il ne fasse une fausse-route. C'était tout simplement normal qu'on le nourrisse ainsi, directement dans l'estomac. Sa gastrotomie, il l'a depuis le 17 novembre 2008. Cela fait quatre ans. Quatre ans où personne n'est jamais venu se plaindre parce qu'il reçoit une alimentation dite «artificielle». «Artificielle»? Quand Vincent reçoit son alimentation, il l'absorbe et en profite comme vous et moi. Artificielle? Allons! C'est un adjectif qualificatif qui me met hors de moi!

Mais j'ai bien compris. On change les mots pour faire accepter les faits.

Vincent avait été nourri comme cela pendant plus de quatre ans, et il s'en était bien porté jusqu'au jour où « ils » ont voulu que tout s'arrête. D'ailleurs il a un rythme de vie, comme tout un chacun : des moments de calme et d'autres plus agités, des temps de sommeil et des temps de veille ; ses moments de détente, et ses moments relationnels – parce qu'il en a, quoi qu'on dise ! Et c'est si consolant...

J'ai la chance d'avoir une voix qui porte. Quand j'entre dans la chambre, j'annonce toujours mon arrivée. « Vincent ? C'est maman ! Comment vas-tu ?... » Je lui parle comme s'il pouvait s'exprimer. Si sa tête est tournée vers la gauche, vers la fenêtre, il la tourne tout doucement vers moi, il ouvre les yeux, il me regarde, il m'observe. Et nous discutons ! Nous discutons dans le silence... Il écoute. Il a des moments – ils ne durent pas longtemps – où il comprend, c'est évident pour moi. Ces instants se multiplient, même, ces derniers mois. Quand je lui dis : « Vincent, tu fermes les yeux, intensément ! », et qu'il le fait... ce n'est pas un clignement : il les ferme, intensément. Dans ces moments-là, il réagit à ce que je dis. Ce n'est pas tout le temps, ce n'est pas tous les jours, mais il a des moments intenses de communication.

Oui, il y a des moments de consolation... Comme ce 6 janvier 2015, quand nous allions partir pour Strasbourg, pour la Cour européenne, où je l'ai pris dans mes bras, et que je lui ai dit : « Vincent, tu seras courageux ? Fais-moi un signe... Je pars. Je reviens ce soir mais maintenant, je pars. » Vincent m'a regardée, un regard de feu ! Tout passe par son regard. Les mamans me comprendront : quand on a un nourrisson, qu'on le regarde, il se passe tant de choses dans ces échanges, les yeux dans les yeux. C'est exactement cela, avec Vincent. Il est comme un nourrisson adulte, qui ne peut pas s'exprimer, mais qui communique avec ses yeux. Parfois avec sa bouche, à peine... Comme s'il allait sourire.

Il faut les savourer, ces moments-là ! Je les savoure, et je les retiens ! Je repars chez moi, quand c'est l'heure de quitter Vincent, avec une gaieté au cœur. Aujourd'hui, c'était bien. Demain, ce sera autre chose. Et après-demain... Et il y aura des lendemains... Combien ? On ne sait pas. Mais ce temps de Vincent, nous n'avons pas le droit d'y mettre subitement fin.

Je lui parle du temps qu'il fait, s'il pleut, s'il fait beau. Je lui annonce que le printemps arrive. A Mollans, dans notre Provence, on entend les oiseaux... Il aimait tant Mollans ! Et je lui dis de garder espoir. Qu'il viendra un jour en vacances...

J'ai l'impression qu'il faut répéter les choses. Je lui mets de la musique, je la repasse, et puis je change. On ne peut pas lui parler toute la journée, cela le fatigue. Mais le silence parle aussi... Et je lui fais la lecture. C'est comme ça que nous tenons le fil. En parlant, en lisant, je dirais même en priant. Il m'arrive de prier avec lui, pour lui. C'est comme cela que nos après-midi se déroulent.

J'ai de la joie à être avec Vincent. Et j'ai peine à m'absenter, la décision de m'éloigner est douloureuse.

Je ne suis pas indispensable, je le sais bien. Mais il a l'habitude de ma voix, et je pense qu'elle le rassure. Il me voit, ou du moins il me distingue. Il m'entend, il sent mes massages sur ses bras. Il proteste quand je lui lave la bouche, en tout cas quand je commence : je l'avertis toujours parce qu'il n'aime pas ça, et alors il se laisse faire. Comme un enfant.

7

Mère courage ?

On me dit que je suis courageuse. Mais je crois que toute mère ferait ce que je fais maintenant. A moins de se laisser embarquer, embobiner, par le discours de certains médecins...

Il m'est arrivé de penser que Pierre était indifférent, moi qui réagis avec mes tripes, moi qui ai mal tant qu'un de mes enfants a mal... Pierre a toujours été présent à mes côtés ; mais c'est un homme, et en plus il est médecin.

Un jour j'étais tellement mal que je m'en suis ouverte à notre médecin de famille : «Je ne comprends pas Pierre, je ne l'ai vu craquer qu'une fois. Je ne comprends pas... Il ne souffre pas ?» C'est ce médecin qui m'a expliqué que Pierre est médecin, justement. «Heureusement que nous nous apprenons à prendre du recul : c'est un exercice que nous faisons. Sinon, nous serions toujours sous le joug des patients...» Oui, il a raison. Cela leur permet de tenir, comme Pierre le fait. Pierre est ma force. Parce qu'il a toujours tenu le coup. Quand je sentais que j'allais lâcher, parce que je dormais très peu, je savais qu'il était là, solide.

Vous imaginez ma colère lorsque j'ai lu dans le livre du Dr Kariger que Pierre lui avait dit être, au fond, d'accord avec son projet, et qu'il ne me soutenait que pour me faire plaisir ! Je connais bien Pierre, c'était un mensonge, je le savais... Et il a tenu à le confirmer : « Quant à moi, Pierre Lambert, je n'ai jamais dit ce qui est "cité" en haut de la page 94, affirmation pernicieuse visant à me dissocier de Viviane. » Mais il a fallu du temps pour qu'il comprenne, pour qu'il admette qu'un médecin, un confrère puisse être capable de faire une chose pareille.

J'ai pu me passer d'antidépresseurs pendant les cinq ans qui ont suivi l'accident de Vincent. Mais depuis « l'affaire », je n'y ai pas réussi. Mon médecin m'a prescrit un antidépresseur léger, pour que j'arrive à tenir, justement. Et je me rends compte que cela devient de plus en plus dur à vivre.

Pendant ces premières années après l'accident de Vincent, il nous a pourtant fallu engranger des mauvaises nouvelles, des diagnostics décourageants. Il nous a fallu accepter de nous installer dans la durée.

8

L'accident

Je me souviendrai toute ma vie du moment où nous avons appris que Vincent avait eu un grave accident. Le 29 septembre 2008... C'était la fin des vacances : des vacances mouvementées mais pleines de joie, tout le monde était venu à Mollans...

J'étais fatiguée : le gîte et le couvert pour les enfants et les petits-enfants, vous savez ! Des journées tellement « normales ». C'était ça, nos vacances, mais c'était notre bonheur. J'avais tout de même envie de m'échapper avec Pierre. Je lui ai demandé de choisir : n'importe où, mais pas un endroit sophistiqué. Nous voilà en route pour le Pays basque. Mais vers 6 heures de l'après-midi, le téléphone sonna. C'était Marie. La voix blanche. Ce qu'elle nous dit est impensable. Vincent est entre la vie et la mort. « Restez où vous êtes. Il est beaucoup trop tard, ne prenez pas la route ce soir. Vous viendrez à Reims demain. Je vous tiendrai au courant. »

Nuit affreuse, angoissante. Nous étions si loin... Nous essayions d'avoir des nouvelles. L'état de Vincent était stationnaire : il était toujours dans un état critique. Je n'avais qu'une peur : qu'on nous cache la vérité.

Ce qui n'arrive qu'aux autres venait d'arriver à mon Vincent... à notre Vincent. C'est cette nuit-là que j'ai vu Pierre craquer.

Le lendemain, j'ai repris le volant. Retour à Mollans : je ne peux envisager de prendre le volant jusqu'à Reims. La route défile, ma concentration m'aide à tenir malgré mes pensées obsédantes. Où en est Vincent ? Nous prendrons le premier train pour Reims, dans l'angoisse de ce que nous allons trouver à l'hôpital de Châlons. Il est toujours en réanimation.

Cette image-là est elle aussi restée gravée dans ma mémoire. Vincent est trachéotomisé, il y a des fils, des machines... Il est dans le coma. C'est mon fils, l'enfant que j'ai porté, que j'ai nourri. Jamais le lien ne m'a semblé aussi fort. On se bat pour qu'il vive : se bat-il lui aussi ? Pour lui, pour Rachel, pour sa petite Clémence qui n'a pas encore trois mois ?

A cette époque-là, une vraie complicité s'est installée dans nos rapports avec Rachel. Elle nous a accueillis pendant un mois. Nous nous occupons de Clémence pendant qu'elle se rend auprès de Vincent – très souvent. Dès que Clémence dort, j'accompagne Rachel à l'hôpital. Ensemble, nous nous occupons de Vincent, nous le massons... Elle est sa femme, je veux me faire discrète. Mais autant que possible, nous essayons de la porter.

Pour que Vincent ne souffre pas, il avait été plongé dans un coma artificiel. Petit à petit, on l'en a sorti.

Il récupère vite, tout seul : la trachéotomie est rapidement refermée, on le déplace vers un autre service, non spécialisé ; ce sont des neurologues de Reims qui viennent le voir. Nous y croyons tous. Il va s'en sortir ! J'ai vite la certitude qu'il m'entend, qu'il me voit, même si je me rends à l'évidence : cet accident l'a profondément atteint. Ce n'est qu'après des examens plus approfondis, plus tard, à Liège, qu'on nous parlera de lésions irréversibles. Nous nous résignerons, bien sûr. Mais sans jamais perdre l'espérance.

Pierre se bat pour que Vincent obtienne des soins qui lui permettent de retrouver du tonus. Il faut trouver une maison de rééducation. Des établissements à même de prendre en charge un homme dans la situation de Vincent, il y en a peu : nous trouvons celle de Berck-sur-Mer. Les démarches sont nombreuses. Pierre écrit au député, frappe à toutes les portes, avant d'obtenir finalement le transfert en vue d'une « rééducation stimulatrice » au centre héliomarin pendant trois mois, du 17 mars au 23 juin 2009.

Je m'y rends avec Rachel et Clémence pour les aider à s'installer dans un appartement – David l'a aidée pour le déménagement. La petite n'a guère plus d'un an. A cette époque, la complicité qu'avait fait naître entre nous l'accident de Vincent se renforce. C'est le temps des confidences... Je m'y rends plusieurs fois, ainsi que les frères et sœurs de Vincent. Rachel marque par rapport à eux une distance que je ne comprends pas.

Vincent fait des progrès, mais pas suffisamment pour y rester. On nous explique qu'il faut continuer à le stimuler, et qu'il pourra revenir plus tard, si nous en faisons la demande.

Où doit aller Vincent ? C'est encore Pierre qui se bat pour que Vincent puisse être hospitalisé à Reims. Un médecin de sa connaissance lui avait annoncé l'ouverture d'un service spécialisé au CHU Sébastopol... et nous y avons cru. La décision du transfert, nous la prenons évidemment avec Rachel, ensemble. Nous nous inquiétons pour elle : Rachel habite entre Châlons-en-Champagne et Reims et elle est très souvent sur la route, avec son bébé, pour venir voir Vincent. Nous l'encourageons à trouver un appartement à Reims. Elle est d'accord. Je m'occupe de chercher, elle visite. Rachel veut, à tout prix, un grand ascenseur, pour que Vincent puisse, à l'occasion, rentrer à la maison. Elle est l'épouse de Vincent, ses projets sont pour lui, avec lui.

Lorsque Vincent arrive à Reims, Sébastopol est en restructuration. Il est accueilli, le 23 juillet 2009, à la Résidence des Capucins, un centre de soins de suite et de réadaptation, en attendant l'ouverture du service spécialisé à Sébastopol.

C'est à peu près au moment où Vincent est arrivé aux Capucins que Rachel a participé à une réunion de l'équipe médicale où il est décidé – avec elle – de ne pas réanimer Vincent. Je ne l'apprendrai que bien plus tard – bêtement – lors d'une conversation avec l'un des médecins de l'équipe, après le transfert de Vincent. Je comprends tout de suite que cela fait un moment que Rachel ne nous dit pas tout, contrairement à ce qu'elle nous avait affirmé...

Aux Capucins, il y avait un côté souriant. Un parc, où Vincent pouvait sortir, en fauteuil. Nous avons même pu organiser une fête avec lui, lors du mariage de sa sœur. Entre la mairie et l'église, nous nous étions réunis autour de lui, il était habillé pour l'occasion, tout le monde était là, Rachel, les frères et sœurs, la grande famille. Il avait un rythme de vie, des sorties... Son état de santé était stable. Hormis son grave handicap, il allait bien.

9

Dans l'« état pauci-relationnel », il y a « relation »

N'y a-t-il vraiment aucun espoir de voir l'état de Vincent s'améliorer ? Pierre se demande s'il n'y a pas moyen d'obtenir un diagnostic plus précis de son état. Nous ne voulons pas seulement savoir où il en est vraiment, nous espérons que cela permettra d'envisager des programmes de stimulation ciblés, sans lesquels, c'est sûr, il ne pourra que régresser.

C'est Pierre qui entame des démarches auprès du Coma Science Group de l'université de Liège, en Belgique, une équipe de pointe dans la recherche sur les lésions cérébrales. Rachel accompagne son mari, pour des examens qui prendront une semaine. Nous les rejoignons le dernier jour. Une fois de plus, nous avons voulu nous faire discrets.

Liège, 12 juillet 2011. Nous sommes face au Pr Steven Laureys. Un chercheur reconnu, une sommité. Rachel est là, avec la deuxième femme de son père – une femme que je ne connais pas. Nous attendons le verdict : où en est vraiment Vincent ? Nous écoutons. L'état de Vincent, nous dit-il, est irréversible :

chose que nous craignions. Mais il faut « continuer à le stimuler » : il est formel. D'après ses examens, Vincent se trouve dans un état de « conscience minimale plus » : un état conscient, comme son nom l'indique, même s'il peut être fluctuant, qu'on appelle encore « pauci-relationnel ». Vincent est capable de ressentir et de percevoir le monde qui l'entoure.

Nous savons cependant que le Pr Laureys a écrit plusieurs articles dans des revues scientifiques pour dire combien les diagnostics en matière d'« état végétatif » et d'« état pauci-relationnel » sont à formuler avec prudence. Aujourd'hui, on évalue les faux diagnostics d'« état végétatif » à plus de 40 %, et régulièrement de nouveaux tests, de nouveaux essais viennent confirmer que tel patient jugé sans conscience comprend ce qui lui est dit et réagit intérieurement au monde qui l'entoure.

A Liège, certains examens n'ont pu être faits. L'IRM – l'imagerie par résonance magnétique – est impossible sur Vincent : un morceau de métal, une brisure de sonde posée au moment de son accident, est resté fiché dans sa tête. Le Pr Laureys suggère de la faire enlever.

Mais à la fin, coup de poignard. Le Pr Laureys nous dit : « Je sais qu'en France on ne fait pas d'euthanasie. Si vous voulez, nous pouvons vous aider. » C'est un choc, un de plus. Cela me semble totalement incohérent.

J'apprendrai plus tard qu'aux Pays-Bas et en Belgique on ne laisse pas vivre les personnes en état pauci-relationnel comme Vincent : très vite après la survenue d'un accident ou d'une lésion cérébrale, on cesse de les alimenter pour qu'ils meurent...

Devant ce professeur qui vient de proposer froidement de laisser Vincent mourir, je reste sans voix. Nous gardons tous deux le silence, Pierre et moi. Rachel prend la parole : « On fera ce qu'il voulait. »

Nous n'en avons jamais reparlé avec elle. Sur le moment, cela nous a bouleversés : nous avons perçu que, même au bout de trois ans, cela pourrait arriver. Mais comme il n'en a plus jamais été question entre Rachel et nous, nous n'avons jamais imaginé que les choses pourraient prendre cette direction. Je n'en ai reparlé par la suite qu'avec Pierre, et avec Marie, qui nous comprenait. Jusqu'au moment où, avec certains de ses frères et sœurs, elle a dit que c'était à Rachel de décider. Mais décider quoi : de mettre Vincent « en fin de vie » ?

Mais Vincent vit ! Et même, il évolue ! Tout récemment encore, un peu après Noël 2014, nous avons vu son drap remuer de manière inhabituelle. Nous l'avons soulevé. Surprise : nous avons vu que Vincent soulevait sa jambe droite. Il ne la remuait pas : il la soulevait. Jusque-là, il n'arrivait pas à bouger volontairement son côté droit... Nous l'avons signalé en partant pour que le fait soit consigné dans le dossier médical. L'infirmière nous a dit que c'était peut-être un réflexe : ne se serait-il pas « raidi » ? Mais nous le connaissons, nous ! Il a bel et bien soulevé sa jambe droite ! Après cet événement – car c'en était un ! –, chose bizarre, nous avons trouvé Vincent endormi pendant quinze jours. Je me demandais si on ne l'avait pas endormi volontairement.

Depuis Pierre l'a revu soulever la jambe droite une fois alors qu'il était seul avec lui. Et moi aussi, pas plus tard qu'au mois de mars 2015 – et cette fois, ce n'était pas seulement la jambe droite, mais tout le côté, et aussi l'épaule droite.

Et que ce soit en 2011, en 2012 ou en 2015, et contrairement à l'image qu'en ont la plupart des gens qui s'intéressent à « l'affaire Vincent Lambert » par le biais des médias, Vincent n'est pas accroché à de multiples tuyaux, sondes et autres appareils pour le maintenir en vie. Son cerveau est abîmé, mais ses organes fonctionnent. S'il reçoit son alimentation par voie de sonde – c'est une alimentation « entérale », en termes médicaux –, c'est uniquement, je l'ai dit, parce qu'il a un problème de déglutition, qui s'est d'ailleurs déjà partiellement résorbé au fil du temps. Après son coma, Vincent bavait en permanence, puisqu'il était incapable d'avaler sa salive. Aujourd'hui, il l'avale sans difficulté, et sans risque de fausse-route.

Il nous est même arrivé, récemment, d'essayer de nourrir Vincent par la bouche. Ou plus exactement, de l'aider à retrouver le plaisir du goût. Oui, j'ai fait l'essai en cachette, plusieurs fois, avant de le raconter ! Bien sûr, je ne donnais qu'un tout petit peu de compote, ou de yaourt aromatisé. J'avais peur d'aller trop vite pour Vincent, que la nourriture coule de travers : je suis sa maman, je ne suis pas une infirmière, je ne sais pas comment on s'y prend pour rééduquer !

Mais j'ai pu voir que Vincent arrive en tout cas à avaler de toutes petites bouchées. Et il ne faisait pas la grimace, il ne tournait pas la tête, il acceptait ce que je faisais. Et quand je lui mettais une toute petite quantité de nourriture au bord des lèvres, il avait l'air de trouver ça bon ! Il récupérait ce qui se trouvait au bord des lèvres et l'avalait.

Au printemps 2014, les experts qui ont examiné Vincent à la demande du Conseil d'Etat ont noté que Vincent a un réflexe de déglutition qui lui permet d'avaler sa salive, « assurant une bonne protection des voies aériennes supérieures », mais « pas de mouvements de propulsion du bol alimentaire ». Les médecins spécialisés que nous avons chargés de nous représenter s'en étonnent, à la lecture du prérapport : comment peut-il y avoir des mouvements de propulsion de la salive alors ? Plus frappant encore, ils ont conclu que Vincent ne peut être nourri et hydraté « par voie orale exclusive ». Si je comprends bien, cela signifie que les experts n'excluent pas du tout que Vincent puisse recevoir une partie de son alimentation – fût-ce une petite partie, une « alimentation-plaisir » – par la bouche. Nos médecins pensent même qu'avec une bonne rééducation, la majorité de son alimentation pourrait être donnée par voie orale.

Depuis lors nous réclamons, par écrit, par oral, que Vincent reçoive cette rééducation. On nous oppose un silence méprisant.

Mais si Vincent déglutit, s'il peut recevoir une rééducation, toute la construction autour de l'« alimentation artificielle » et l'« obstination déraisonnable » tomberait à l'eau... Je ne crois pas qu'on mette jamais en place une rééducation de Vincent au CHU Sébastopol...

10

Des vacances avec Vincent...

Vincent allait toujours bien le 16 novembre 2011, le jour où il a été transféré vers le CHU Sébastopol : il fallait quitter les Capucins qui fermaient leurs portes à tous les patients dans le même état que Vincent. Mais bien qu'on n'ait constaté aucune dégradation, aucune altération de sa santé, le voici dans une unité de soins palliatifs sous la responsabilité du Dr Eric Kariger, chef de service spécialisé en gériatrie.

Huit lits y sont réservés à des personnes dans l'état de Vincent, «pauci-relationnels», mais le service ne propose aucun programme de stimulation spécialisé. Seulement un peu de kinésithérapie. D'emblée, nos relations avec le médecin le plus directement chargé de Vincent, Ana Oportus, se révèlent distantes : elle nous reçoit entre deux portes, le dialogue n'est pas aisé.

A Sébastopol, les choses vont aller très vite. J'en fais la réflexion à Rachel : Vincent n'est plus jamais mis dans un fauteuil, il est toujours dans son lit. Pourtant, il y a deux fauteuils dans sa salle de bains : des fauteuils pour handicapés, mais pas du tout adaptés à Vincent. Il lui faudrait un fauteuil avec un moulage personnalisé. Pourquoi sont-ils là : pour décorer? Ils ne servent jamais... Aux Capucins, nous trouvions fréquemment Vincent dans son fauteuil lorsque nous venions le voir, et nous pouvions sortir avec lui dans le parc dès que nous le souhaitions... Réponse de Rachel : « Ce n'est plus possible, il se laisse tomber. » J'avais trouvé cela... un peu désagréable. Un homme tétraplégique peut-il s'empêcher de glisser? Et à plus forte raison, se laisser tomber? Mais spontanément, nous ne sommes pas allés voir les responsables du service, puisque Rachel était là, sa jeune épouse... C'était délicat. Mais dire que nous ne nous faisions pas de souci, ça, non!

Depuis son retour de Liège, outre la kinésithérapie, Vincent a reçu des séances d'orthophonie : quatre-vingt-sept, selon le Dr Kariger. Ces cours n'aboutissent pas à l'établissement d'un code de communication fiable. Nous n'aurons pas davantage de détails. On ne nous en avait d'ailleurs jamais parlé. Nous l'apprendrons dans le cadre de la procédure judiciaire. Vers le milieu de 2012, d'après le Dr Kariger, Vincent cesse d'en bénéficier. La kinésithérapie quotidienne – indispensable pour conserver une certaine souplesse des membres – est elle aussi stoppée en octobre 2012. Parce qu'elle n'améliore pas son « état neurologique », écrira même le Dr Kariger dans sa deuxième décision qu'il nous lira le 11 janvier 2014 – il ôtera ces mots du document définitif. Vincent ne reçoit plus que des soins de nursing, l'alimentation et l'hydratation par sonde gastrique, et quelques médicaments.

C'est alors que m'est venue l'idée d'emmener Vincent en vacances, à Mollans. Nous décidons, avec Pierre, d'aller voir le Dr Kariger. Nous sommes en septembre 2012... Pierre s'inquiète un peu : pourrai-je m'organiser ? Mais Pierre est médecin. Il sait changer une poche de nourriture. Les poches s'achètent en pharmacie, Vincent n'a pas besoin d'une formulation spéciale. Obtenir un lit médicalisé, ce n'est pas compliqué non plus. Nous pourrons avoir le soutien régulier d'une infirmière : je me suis renseignée. C'est moi, finalement, qui prends rendez-vous avec le Dr Kariger : il est d'accord, je dirais même enthousiaste. Même la longueur du voyage – huit heures de route – ne semble poser aucun problème.

« Moi, je ne m'y opposerai jamais, dit-il, Vincent n'est pas un patient compliqué, ne prenez même pas d'ambulance : une voiture confortable suffit, avec quelqu'un à côté de lui pour le rassurer, pour surveiller l'hydratation. » Cette phrase est restée gravée dans ma tête et dans mon cœur. A ce moment-là, le Dr Kariger était encore à notre écoute, il faisait preuve de compréhension... C'est à peu près à ce moment-là qu'il était entré dans la chambre de Vincent : nous y étions, Rachel et la petite Clémence aussi. Il s'était tourné vers Rachel : « Vous voyez, madame Lambert, il vaut mieux que Clémence ait un papa comme ça que pas de papa du tout ! » Comment pouvions-nous deviner ce qui allait arriver quelques mois plus tard ?

Mais nous n'en sommes pas encore là. Tout à la joie de ces vacances pour Vincent, j'annonce la bonne nouvelle à Rachel. Elle viendra, elle aussi, avec la petite ! Ce seront des vacances familiales, comme jadis... Je souris, je suis heureuse... mais pas Rachel. Son visage n'exprime rien. J'en suis blessée. Mais mon projet continue de prendre forme. Il faut simplement trouver un moment qui lui convienne : il a toujours mal supporté la chaleur, il préfère la Provence pendant l'arrière-saison.

Hélas, ces vacances n'auront jamais lieu. A l'automne, Pierre commence à ne plus aller très bien, et en novembre, il a un grave accident de santé. On l'hospitalise d'urgence à Marseille : triple pontage. J'appelle Rachel : on reporte les vacances de Vincent au printemps, et moi je ne vais pas pouvoir venir à Reims pendant quelque temps – je dois rester auprès de Pierre. « Ne vous inquiétez pas ! », me répond Rachel – j'entends encore sa voix... « Ne vous inquiétez pas, Vincent va très bien, je m'en occupe. »

Je m'arrange avec David, avec Marie, pour qu'ils lui lisent mes lettres pendant cette absence, pour qu'ils le rassurent. De temps en temps, ils m'appellent depuis son chevet et je peux lui dire quelques mots par téléphone. Je n'imagine pas ce qui se met en place à ce moment-là, très vite. Comment l'aurais-je pu ?

Vraiment, si à cette époque-là on m'avait dit que Vincent était en « survie artificielle », je l'aurais très mal pris. Je n'aurais même rien compris. Cela n'aurait pas eu de sens. Ni pour moi ni pour personne. Vincent allait « très bien » ! Vincent n'était pas « un patient compliqué » ! Vincent allait venir en vacances à Mollans !

Je dirais même que Vincent aurait pu ne pas être hospitalisé du tout. Cela aurait surtout été lourd pour celui – ou celle – qui l'aurait accueilli à temps plein. Mais si j'avais habité Reims, j'aurais au moins demandé qu'il puisse sortir de temps en temps, pour un week-end. Nous étions même étonnés que cela ne se fasse pas – que Rachel ne le fasse pas.

Un jour, entendre que Vincent va très bien, et comprendre quelques mois plus tard qu'on était déjà en train de préparer sa « fin de vie » ? C'est inimaginable mais c'est comme cela que ça s'est passé. Et c'est lorsque nous l'avons appris que je leur ai demandé de nous rendre Vincent – il ne leur appartient pas ! Ils m'ont dit que Vincent ne m'appartenait pas non plus. La réponse était facile : « Mais il vous appartient encore moins ! » Je suis sa mère, pourquoi ne l'emmènerais-je pas chez moi ? Nous sommes assez lucides pour évaluer les problèmes que cela pose, et pour prévoir l'avenir : Pierre et moi ne sommes pas éternels. Mais je vois aussi que, malgré l'absence de stimulation, Vincent est plus vif qu'avant. Moins endormi.

En attendant, il est dans sa chambre. Toujours au même endroit. Avec le plafond pour horizon.

11

L'enfant et le jeune homme

Souvenirs.

Vincent était un enfant gentil, docile. Il avait le sens des autres, et il le montrait. Les images me reviennent... Des vacances. La grande complicité entre Vincent et sa sœur cadette, Anne. Elle devait avoir six ans, lui sept. Elle a eu un accident de vélo. Elle a dû être hospitalisée, et comme tous les parents, nous avons eu très peur. Eh bien, Vincent ne l'a pas quittée. Et d'ailleurs Anne n'acceptait que Vincent à côté d'elle. Mais il fallait qu'il y soit, du matin au soir ! Et cela a bien duré quinze jours. Et quinze jours, pour un enfant, c'est énorme... Tous les jours, Vincent déjeunait avec nous, mais au lieu d'aller jouer avec les autres, il allait auprès d'Anne. Elle s'en souvient encore aujourd'hui.

Vincent était un garçon qui ne montrait pas ses sentiments. Un peu taciturne, très sensible. Il s'exprimait peu, il fallait tout deviner – le caractère copié-collé de son père. Il pensait surtout beaucoup aux autres.

Son rêve était de devenir chirurgien. Son père en avait été très flatté... Vincent avait beaucoup d'ambition, il était très doué en sciences, mais il n'aimait pas assez le travail scolaire. Il a fallu renoncer aux études de médecine. Mais non aux professions médicales, il y tenait.

Quand Vincent a quitté le nid familial pour aller faire ses études d'infirmier – il n'avait pas réussi le concours à Reims –, nous avons découvert qu'il s'occupait d'un clochard du quartier. Il était venu me voir, en me disant : « Maman, tu t'occuperas, s'il te plaît, du clochard qui est souvent assis à côté de chez nous, sur les bancs. Je lui ai dit que je m'en allais. » C'est là que j'ai compris où disparaissaient les tranches de jambon et les autres aliments que je ne me rappelais pas avoir utilisés ! Vincent faisait tout cela discrètement. Le hasard a voulu que ce clochard s'appelle aussi Vincent. Et c'est mon Vincent qui lui portait à manger. Quelle ironie, tout de même. Bien des années plus tard, des gens faits pour soigner ont voulu priver de toute nourriture ce garçon si attentif aux besoins des autres.

Il était très proche des personnes vulnérables, nous nous en sommes rendu compte au hasard de confidences. Je me souviens d'une proche, un peu fragile : elle avait un ami qui abusait de son portefeuille. J'ai appris un beau jour que, sans rien dire à personne, Vincent était allé le voir, pour qu'il cesse.

Vincent était un bon infirmier. Il a fait un de ses stages auprès des personnes âgées. Il a vu de la maltraitance, et il en a été révulsé. Il a même fait son mémoire de fin d'études sur ce sujet. Quand je pense que c'est aujourd'hui lui qu'on maltraite en lui refusant jusqu'à la kinésithérapie quotidienne... Vraiment, il ne mérite pas ça.

Vincent aimait les autres, il aimait vivre entouré d'amis. Lorsque nous avons fait le choix de l'envoyer en pension, cela a fait partie des éléments qui nous ont décidés. Nous avons opté pour une école privée dans le Midi. Il y est entré en 6e : il avait alors onze ans.

Nous avions d'ailleurs le projet de nous installer à proximité, car il y avait non loin une école pour filles. Nos enfants seraient externes... Hélas, Pierre n'a finalement pas pu changer de région, il a fallu rester à Reims, et Vincent est resté pensionnaire. Et c'est nous qui, au fil des semaines, avons trouvé que c'était bien trop loin ! Mais lorsque nous avons proposé à Vincent de revenir à Reims, il nous a dit qu'il était très heureux en pension. Il faisait partie d'une chorale, aussi : ils sortaient beaucoup. Il nous a toujours dit que cela lui avait fait des souvenirs inoubliables. Avec les copains, ils faisaient les quatre cents coups...

Il a été renvoyé avec un autre quand ils étaient en 2de. Ils avaient réussi à faire un tunnel. Où ils ont fumé, bien sûr. Ils ont bu de l'alcool, bien sûr. Et ils se sont endormis. Quand ils sont rentrés, il était trop tard. Ils se sont fait prendre.

Son copain d'infortune est devenu un ami, un ami pour la vie : il est même revenu du Canada pour voir Vincent dans son lit d'hôpital à Reims...

Avant l'accident de Vincent, ces deux-là s'étaient vus de loin en loin. Grégory avait invité Vincent à son mariage, même s'ils ne se donnaient pas souvent de nouvelles. C'était une de ces vieilles amitiés qui n'ont pas besoin d'être entretenues par de nombreuses rencontres. Une amitié renforcée par les souvenirs d'école partagés – les anciens pensionnaires savent combien cela compte. La complicité était toujours là. Quand Vincent et Grégory se retrouvaient, ils étaient heureux.

Grégory, parti vivre au Canada, n'a rien su de l'accident de Vincent. Ce n'est que lorsque l'histoire de Vincent s'est transformée en « affaire Vincent Lambert » qu'il en a eu vent par des articles de presse parus de l'autre côté de l'Atlantique. Grégory en a été bouleversé. Il ne savait pas comment entrer en relation avec nous. Il a réussi à joindre d'anciens amis communs – des amis de pension, encore. Des amis qui m'ont envoyé ses coordonnées. C'est moi qui ai écrit à Grégory pour lui dire où en était Vincent, et depuis ce jour-là nous avons des contacts forts.

Grégory m'a fait savoir – c'était en 2013, après la première victoire de Châlons – qu'il devait venir en France pour voir sa famille, comme il le fait à peu près une fois par an. Pourrait-il rendre visite à Vincent ? Evidemment ! Tout s'est mis en place très rapidement. J'en étais tout heureuse pour Vincent !

Le grand jour, nous nous sommes donné rendez-vous, avec Grégory, dans un point facile d'accès à Reims, et il m'a suivie en voiture jusqu'à Sébastopol.

Je l'ai accompagné dans la chambre, et je les ai laissés seuls, Vincent et lui.

Grégory est venu me retrouver dans le salon de l'hôpital, une heure plus tard, bouleversé. Il était ému. Il m'a raconté un peu ce qui s'était passé. Il a parlé à Vincent, il lui a raconté sa vie, rappelé des souvenirs, bref, il a dit ce qu'un vieux copain peut dire au bout de quelques années d'absence. Jusqu'au moment où il a fallu partir. Il a dit : « Vincent, je vais devoir te quitter. » A ce moment-là, Vincent a pleuré. Et il s'est remonté dans son lit, en s'appuyant sur ses coudes.

Grégory en était encore tout remué. Il a cru pendant un instant que Vincent allait s'asseoir. Il a vu que Vincent avait fait un effort considérable, visible, volontaire, pour se manifester. Grégory est persuadé que Vincent l'a reconnu, que Vincent a compris qui était là.

Cela lui a fait deux chocs, à Grégory. Le choc de voir son vieil ami dans cet état, cloué dans son lit, alors qu'il avait connu Vincent si vif, tellement actif. Et le choc de le voir réagir aussi visiblement. Il en était surpris, très frappé, profondément touché.

Ce geste de Vincent cherchant à se redresser, qui a tant impressionné l'ami d'adolescence de Vincent, je l'ai vu, moi aussi, une fois. Je ne garde que ce souvenir, sans me rappeler les circonstances... Je crois que je lui avais dit quelque chose... Quoi ? Je ne sais plus. Ce qui a marqué ma mémoire, c'est que j'ai vraiment cru qu'il allait se retrouver assis. Je me souviens aussi avoir noté combien cela avait dû lui demander un effort considérable : il s'était rehaussé sur son lit en se glissant sur son matelas. Pour moi, c'était spectaculaire. Et important.

Mais revenons à Vincent qui se retrouve mis à la porte de son école, après avoir fait les quatre cents coups avec Grégory et quelques autres. Comment a-t-il vécu tout cela quand nous l'avons récupéré, tout penaud ? Eh bien, il pleurait... Il ne voulait pas quitter son école ! Lui avons-nous passé un savon ? Bien sûr ! Nous n'allions pas le féliciter... Nous l'avons inscrit dans une école privée, à Reims, pour qu'il travaille son bac.

Encore une anecdote. Vincent aimait beaucoup le film *La Passion du Christ*, de Mel Gibson. Il le passait très souvent, il en était toujours aussi ému. Parfois – m'a raconté Rachel, du temps où nous nous parlions encore – il le regardait même deux fois d'affilée. Cela l'agaçait un peu, me disait-elle...

En ce vendredi saint de 2015, j'ai montré le DVD de *La Passion du Christ* à Vincent, sur un lecteur que je pouvais tenir à hauteur de ses yeux, pas trop loin.

Je me disais qu'il s'en souviendrait peut-être. Dès que la musique a retenti, son visage s'est transformé. Il a tourné la tête, cherchant d'où elle venait. Puis il a fixé son regard sur l'écran. Cela n'a pas duré très longtemps : Vincent n'est pas capable d'assez de concentration pour rester ainsi plus d'une demi-heure. J'ai arrêté le film parce que des aides-soignantes sont entrées pour un soin, et je ne l'ai pas remis en route : Vincent aurait perdu le fil. Mais j'ai bien vu l'émotion, surtout au moment où il a entendu la musique de la Passion. J'ai bien vu qu'il se passait quelque chose de fort. J'ai perçu ces moments où il était très réceptif, et les moments qui ont suivi, où il ne l'était plus.

Cela a été pour moi très intense. J'ai cru retrouver Vincent avec ses émotions de jadis, tel que je l'avais vu alors que nous avions regardé ce film, ensemble, du temps où il était encore valide...

Après leur mariage, Rachel et Vincent venaient en vacances deux fois par an à Mollans. Pour leur premier anniversaire, j'avais préparé une fête en reprenant tout le thème de leurs noces, en bleu ciel. Ils avaient l'air ravi. Rachel m'avait laissé un mot vraiment gentil dans mon livre d'or, me remerciant, avec son cœur... Aujourd'hui j'ai mal quand je le relis. Je n'aurais jamais imaginé la suite. Quand je revois ce petit livre, plein de dessins, de mots tendres, d'affection de tous nos enfants... Oui, j'ai mal. Tout est détruit maintenant.

Le Dr Kariger nous a détruits.

Si Vincent était malade, gravement malade, s'il était mourant, j'accepterais qu'il parte ! S'il était en fin de vie, nous ferions tout pour le soulager, pour le soutenir, lui donner du confort, de l'amour, de l'affection, sans exiger qu'on le maintienne en vie à tout prix ! Mais là ? Là, on décide de ne pas le laisser en vie. Quelle mère peut le supporter ?

A Reims, dans la chambre à côté de celle de Vincent, il y avait un autre garçon gravement handicapé, comme lui : il s'appelait David. Peu après que nous avons sauvé Vincent, j'ai entendu sa mère pleurer. Elle sanglotait : « On m'a menti, on m'a menti ! » Elle voulait le ramener chez elle. Je l'ai revue quelques semaines plus tard. Elle m'a demandé des nouvelles de Vincent. Et son fils à elle ? « Il va mourir dans les deux jours. » C'était le même processus. Elle était retournée, désemparée. Les médecins lui avaient affirmé que David ne serait plus capable de la voir, qu'il n'y avait pas de centre de rééducation... Elle n'avait pas imaginé qu'il était possible de se battre.

12

Les amis, la famille, les ennemis

Voilà plus de deux ans que nous vivons ce calvaire, avec Vincent. Dans une attente inhumaine, sous le coup de décisions qui sont prises à notre place et surtout à sa place, par des gens qui ont décidé qu'il devait mourir. Si nous n'avions pas été portés, aidés, soutenus, aurions-nous tenu bon ? Une mère pense toujours qu'elle tiendra bon pour son enfant. Mais heureusement qu'ils ont été là : nos enfants, nos avocats, nos amis, des médecins, un cercle toujours grandissant de personnes qui non seulement comprennent les enjeux, mais qui ont pris « l'affaire Vincent Lambert » à cœur. Aide morale, aide juridique..., mais aussi aide on ne peut plus pratique. Je pense à ces amis qui nous ont accueillis chez eux, Pierre et moi, pendant six mois, afin que nous puissions être près de Vincent, après notre séjour à la maison d'accueil du CHU. C'était le temps où nous pensions que les choses allaient s'arranger rapidement... Aujourd'hui, nous sommes installés à Reims dans un appartement à proximité de l'hôpital.

Lorsque nous avons été précipités, subitement, au cœur de cette épreuve, il a bien fallu agir. Rapidement. Nous ne savions pas vers qui nous tourner. Nous parlions de Vincent autour de nous, à nos proches... Un médecin spécialiste des questions éthiques a vent de notre histoire. C'est lui qui nous appelle pour nous parler de Jérôme Triomphe. Nous sommes déjà au début de mai 2013, Vincent n'a rien mangé depuis plus de vingt-six jours. J'envoie un mail à Jérôme Triomphe, le 6 mai à 22 h 06. Un quart d'heure plus tard, il me rappelle. Sidéré par ce que je lui écris.

Deux jours plus tard, je l'ai dit, après avoir en vain alerté le procureur de la République, il dépose une requête en référé-liberté. Et il demande à Me Jean Paillot, de Strasbourg, avocat et spécialiste en droit médical et éthique médicale, de venir plaider avec lui le 11 mai 2013 à Châlons. Depuis lors, nos deux avocats ne se sont plus quittés et ont travaillé constamment ensemble à nos côtés pour Vincent. Parfois nuit et jour. Parfaitement complémentaires.

Jérôme Triomphe part également à la recherche d'un médecin spécialiste de la fin de vie qui puisse compléter leur travail et les conseiller. A la veille de la première audience de Châlons, notre avocat se dirige vers le Pr Xavier Ducrocq, neurologue et président du comité d'éthique du CHU de Nancy. Le Pr Ducrocq, lui, connaît un médecin responsable d'une remarquable «unité de vie» pour les patients pauci-relationnels, la maison de santé Amreso-Béthel en Alsace : c'est le Dr Bernard Jeanblanc. Les coups de fil fusent, chacun répond dans l'heure. Chacun à sa manière prend la mesure de l'urgence ; chacun est révolté par ce qui se trame dans une chambre d'hôpital à Reims.

Ces inconnus sont tous devenus des amis. Mieux : des compagnons d'armes. J'ai une grande tendresse pour Jérôme – il a agi pour Vincent comme s'il se battait pour son propre frère. Il nous a tout de suite rendu la confiance et l'espoir dont nous avions tant besoin.

Et nous n'en avions pas seulement besoin en raison de ce qui arrivait à Vincent. Lors du référé à Châlons-en-Champagne, de nombreux amis étaient présents, je ne m'y attendais pas. Si vous saviez comme c'est réconfortant... Mais en même temps, il y avait une partie de la famille qui s'était retournée contre nous. Et ça fait mal... C'est une barrière qui s'élève, un fossé qui se creuse... Depuis cinq ans, nous nous étions retrouvés si souvent, autour de Vincent, complices, tellement proches. Soudain, le contact est rompu. Nous n'échangeons plus. Sauf par e-mail, parfois, quelques paroles fugaces...

Au départ, il n'y avait pas de violence entre nous. Plutôt une incompréhension. Quelques jours après la première victoire à Châlons, alors que Vincent était réalimenté depuis peu, nous avons trouvé dans sa chambre, dans un verre rempli d'eau colorée, un crucifix, la tête en bas. Et un Bouddha. Ce coup-là, je le prends en plein cœur. Met-on notre foi à l'épreuve ? Comment comprendre un tel cri de haine, une telle passion ? Finalement, nous avons su qui avait fait ce geste : quelqu'un de très perturbé dans sa foi. Quelqu'un qui croit que sauver une vie humaine est une sorte de fanatisme religieux.

On parlera aussi de notre vie privée... Elle n'a pourtant rien à voir avec cette histoire. Le Dr Kariger et l'avocat de Rachel – forcément mis au courant par elle – ne l'ont évoquée que pour nous discréditer. Qui a déformé ces histoires, qui a menti ? Ça, je ne le sais pas. Quant à notre histoire de « famille recomposée », nul n'en connaît ni les tenants ni les aboutissants. Je n'en parlerai pas. Je pourrais m'épancher, mais à quoi cela servirait-il ? Ce n'est pas le sujet !

Oh, je sais que le Dr Kariger, comme d'autres adeptes de la psychologie de bas étage, « explique » mon combat pour sauver la vie de Vincent par une sorte de culpabilité. Il nous traite de parents qui ont abandonné leur fils parce que nous avions envoyé Vincent en pension. Que sait-il des choix d'éducation que nous avons faits pour nos enfants ? Sait-il les sacrifices que nous avons consentis pour choisir la meilleure école possible pour chacun ? Sait-il la détresse de Vincent quand il a été renvoyé de son école ? Comment ose-t-il déformer ainsi les faits ? Encore une fois, ce n'est pas du tout en pension que Vincent a été agressé par un prêtre indigne.

Vraiment, nous avons été profondément atteints, blessés par ces affirmations du Dr Kariger. Beaucoup plus gravement que par ce qu'a pu dire et écrire Rachel... Après tout, le Dr Kariger n'est pas l'épouse de Vincent. Ni sa mère. Il s'est immiscé dans notre vie de manière intrusive. Lui, médecin, lié par le secret professionnel et médical ! De quel droit a-t-il étalé sur la place publique la vie de Vincent, la nôtre ?

Je suis en tout cas sûre qu'il ne se serait pas obstiné dans le projet de laisser mourir Vincent s'il n'avait pas mis certains de nos enfants dans sa poche. Il a provoqué une division dans notre famille, et il s'en est servi. Et il a voulu faire croire à l'opinion publique que nous, les parents de Vincent, sommes des « gens à problèmes ». Mais avant de nous trouver face à lui, Dieu sait que nous étions une famille unie. Pour moi, l'important, c'était ma famille, cela a toujours été ma famille, et c'est encore ma famille.

Cette situation, cette souffrance de voir l'histoire de notre famille jetée en pâture au public n'a épargné personne. D'autant que c'est allé très vite, du jour au lendemain. Soudain, nous étions sous le feu des projecteurs, par la faute de cet homme. Je crois que nos enfants – même ceux qui ne sont pas d'accord avec nous – sont tous de bonne foi. Ce sont des adultes : je respecte leur façon de s'exprimer, chacun selon sa personnalité, sa façon de penser. Ils savent très bien que la porte est toujours ouverte.

Mais comme on nous a salis... J'ai entendu le Dr Kariger expliquer que nous ne venions voir Vincent que deux ou trois fois par an. C'est faux – c'est un mensonge qui fait mal ! Nous ne sortirons pas de cette histoire indemnes. Il va falloir nous reconstruire, quelle qu'en soit l'issue. Mais comment ? Moi, je n'y arriverai, je le sais, qu'avec nos enfants. Avec tous nos enfants.

Jusqu'à ce que cette bombe soit déposée au cœur de notre famille, nous étions soudés. Et même si le malheur qui était arrivé à Vincent touchait profondément chacun d'entre nous, nous l'avions tous intégré, lui, tel qu'il était, dans notre quotidien, fait aussi de joies et de bonheurs.

13

«Ce que Vincent aurait voulu»

Le déclencheur de la division au sein de notre famille aura été la prétendue «volonté de Vincent». Ce qu'il «aurait voulu» s'il avait pu s'exprimer. Seules deux personnes l'affirment, Rachel et Joseph, évoquant des conversations lointaines, du temps où Vincent était en pleine santé. «Il n'aurait pas voulu vivre comme ça...» Mais qui, de vous, de moi, de tous ceux qui nous entourent, a envie de vivre tétraplégique, cloué dans un lit, dépendant à 100%, incapable de communiquer?

Rachel a attendu cinq ans avant de dire que Vincent «n'aurait jamais voulu vivre comme cela». Et elle ne l'a déclaré qu'au secours de la décision de le faire mourir. Par la suite, elle a fait plusieurs déclarations écrites. Il y a son attestation du 24 décembre 2013, pour préparer la deuxième décision que le Dr Kariger allait prendre le 11 janvier 2014. Mais aussi des interviews dans la presse. Les «volontés» de Vincent, au fil de ces affirmations, évoluent chaque fois de manière incohérente et contradictoire.

Mais c'est elle qu'on a crue, sans la moindre prudence, alors qu'elle demandait dans le même temps devant la justice de laisser partir son mari. Le Conseil d'Etat n'y a pas trouvé matière à critique.

Nous voici désormais tous à la merci d'un simple témoignage retenu sans la moindre prudence ni la moindre garantie...

Le témoignage – imprécis – de Joseph, le frère de Vincent, tient en trois lignes. On peut penser qu'il a été rédigé pour la cause puisqu'il est daté du 26 mai 2013, quinze jours après la première décision qui a sauvé la vie de Vincent. Le Dr Kariger a déjà annoncé son intention de recommencer, en respectant la procédure cette fois. A quoi correspond l'attestation de Joseph ? Je n'en sais rien. Il nous avait suivis dans le Sud lorsque Pierre avait pris sa retraite, quittant Reims et s'installant en Avignon, pour ses études qui l'absorbaient. Il était pris, aussi, par sa vie personnelle. Il n'était pas très proche de Rachel, et s'était, du coup, éloigné de Vincent – pas seulement à cause des kilomètres. Pas plus que les autres, je le crois, il ne sait vraiment ce que Vincent aurait voulu.

Des six autres frères et sœurs de Vincent, même plus proches de lui que Joseph, aucun n'a voulu attester de cette prétendue volonté dont ils reconnaissent honnêtement qu'il ne leur en avait jamais parlé.

Quant à François, le « demi »-neveu de Vincent, il nous a déçus. Lui non plus n'a jamais entendu son oncle faire état de cette prétendue volonté, ainsi qu'il le reconnaît lui-même. Mais je sais qu'il a été en contact avec l'Association pour le droit de mourir dans la dignité, l'ADMD, qui réclame la légalisation de l'euthanasie...

François s'est mis en première ligne, il a accaparé les micros, il a fait beaucoup de bruit.

Eh bien moi, je peux dire aujourd'hui que je n'aimerais pas être «comme Vincent». Mais je ne prétends pas savoir ce qu'il désire aujourd'hui. Comment peut-on affirmer avec certitude que Vincent aurait voulu qu'on le... supprime ? Moi, je trouve abominable qu'on prétende parler à la place du patient. Et je ne dis pas cela seulement parce qu'il est mon fils, mais parce qu'il est un être humain.

Vincent est-il heureux de vivre ? Ce qui nous paraît affreux, c'est qu'il ne puisse pas s'exprimer. Mais il est paisible. Sauf si quelque chose l'ennuie : il sait parfaitement se manifester, son visage se crispe. Et quand il est paisible, il me regarde, je lui parle, il y a des ressentis. Je ne peux pas dire ce qu'il pense, bien sûr ! Mais des choses passent entre nous. J'ai même l'impression qu'il entend davantage qu'on ne le dit. Et moi, sa mère, je sais qu'il ne souffre pas, dès lors qu'on le soigne comme il faut.

On prétend résoudre son handicap par la mort. Mais que fait-on pour qu'il vive mieux avec son handicap ? Vincent ne bénéficie d'aucune vie sociale. S'il était dans un fauteuil adapté, il pourrait sortir ! Le faire changer d'air, comme nous le faisions lorsqu'il était aux Capucins ! C'était pourtant une époque où Vincent était bien plus léthargique que maintenant, moins souvent éveillé, moins présent qu'il ne l'est actuellement.

Ce refus de soins me fait mal. Il est intolérable. Sur le plan physique, il l'a fait régresser. Au départ, il avait au moins de la kinésithérapie... mais si peu. Aujourd'hui, rien. Cela dure depuis octobre 2012. Il s'est raidi. En nous n'obtenons rien. Comme si on l'avait figé dans la situation où ils voulaient le faire mourir, en attendant la fin des procédures...

Avant toute cette histoire, les horaires pour visiter Vincent étaient larges. On pouvait venir dès 10 heures du matin, et rester après 20 heures. C'est terminé – pour tout le service paraît-il. Mais en attendant cela nous prive d'être à ses côtés le soir. J'aimais bien rester près de lui, veiller à ce qu'il soit confortablement installé pour dormir... J'aimais parler avec les infirmières de nuit. Elles sont différentes : c'est une autre relation qui s'installe, une autre manière d'être proche du patient.

Reçoit-il d'autres visites que les nôtres ? Il paraît que c'est le cas. Mais nous ne les croisons jamais. A croire que l'hôpital permet à certains membres de la famille de venir voir Vincent dès le matin, alors que Pierre et moi devons attendre l'après-midi. Notre fils est l'otage de cette affaire. De ce parti pris.

Et Rachel ? Nous savons qu'elle a quitté Reims pour partir vivre en Belgique depuis l'été 2013. Elle n'est pas là au quotidien. Il est arrivé parfois qu'on nous demande de revenir plus tard, parce qu'elle était présente. Je crois que nous aurions tout avantage à pouvoir parler ensemble, mais voilà : cela aussi nous est interdit. J'ai pourtant essayé d'aller la voir, d'avoir un contact avec elle, en vain et je le regrette toujours...

14

Deuxième tentative

Le soir où l'alimentation de Vincent a été remise en place, le 11 mai 2013, pour moi, l'affaire était close. Terminée. La vie avait gagné, la justice avait parlé... Elle m'avait rendu mon fils. Nous sommes tout à la joie de retrouver Vincent, soulagés, heureux au-delà de tout ce qu'on peut imaginer – comme les parents d'un condamné à mort innocent qu'on viendrait de gracier. C'est à ce moment précis que le Dr Kariger – dans une colère blanche – promet de « recommencer ». Il va s'obstiner dans sa démarche à un point dont nous n'avons pas encore idée. Nous ne pouvons pas deviner combien la route sera longue, combien notre vie en sera bouleversée. Mais la cruauté de ses paroles, nous la percevons sur-le-champ, elle nous frappe comme un coup de poing...

Avec Rachel, c'est différent. Elle n'est pas un médecin avec qui la confiance est rompue, elle est la femme que Vincent a choisie, elle est notre belle-fille. Nous avons essayé de reprendre contact. Nous lui avons écrit, nous avons téléphoné, nous avons envoyé des courriels. Pas de réponse. Nous avons proposé à ce moment-là de la rencontrer en présence du Dr Kariger. Un rendez-vous est fixé. Le Dr Kariger nous accueille dans son bureau. Rachel est là, nous dit-il. Avec son père. Je me tourne vers Pierre. Il dit tout haut ce que je pense : il n'est pas question de la voir avec son père. Elle est adulte, elle est responsable, elle est épouse et mère de famille, c'est elle qui a fait ce choix pour Vincent, c'est avec elle que nous voulons parler. Rachel refuse.

Nous sortons : Rachel et son père sont là. Son attitude est hostile. Nous ne nous parlerons pas.

Ce sera la première et la dernière fois que nous aurons vu un membre de la famille de Rachel dans cette affaire. Au tribunal, au Conseil d'Etat, à la Cour européenne, elle n'est jamais accompagnée des siens. Ni son père, ni sa mère, ni sa sœur. Cela me faisait même de la peine pour elle...

Le Dr Kariger, de toute façon, tient parole. Très rapidement, il met sur pied une nouvelle procédure collégiale. Il a décidé qu'il ferait tout dans les règles, lui qui avait la première fois piétiné nos droits en organisant la « fin de vie » de Vincent derrière notre dos. Il y aura une « collégialité familiale » qui servira tout juste à pouvoir prétendre que nous avons été, cette fois, entendus. Nous avons beau nous être préparés, c'est un choc. Encore un. Nous avions vécu quelques semaines, quelques courts mois dans le bonheur d'avoir sauvé Vincent. Nous savourions chaque jour.

Nous pensions le moins possible à la promesse du Dr Kariger. Il avait dit qu'il laisserait passer l'été.

Mais nous voilà face à la lettre de convocation. Peu importe la manière dont elle est formulée. Ce qui compte, c'est ce qu'elle dit vraiment. *Venez... Je vais vous expliquer comment et pourquoi je veux mettre un terme à la vie de votre fils...* La bataille reprend. Il y aura deux « conseils de famille » mis sur pied par Kariger : le 27 septembre et le 16 novembre 2013.

Je n'ai pas eu, ne serait-ce qu'une seconde, l'impression d'être écoutée. Le choix était fait : Vincent devait mourir. Pourquoi nous convoque-t-il ? Pour éviter que nous contestions une nouvelle fois la « procédure de fin de vie ». Pour faire pression. Pour nous amener à penser comme lui. J'ai l'impression de subir, contre mon gré, une psychothérapie – peut-être même un lavage de cerveau. Toute cette « collégialité » ne concerne pas vraiment Vincent : le Dr Kariger a fixé son sort. Elle nous concerne, nous. Lors de la réunion qui se tient en septembre 2013, nous sommes en présence des enfants, des médecins, et même de deux psychologues. Ils parlent, mais ils parlent dans le vide. Leur seul objectif est de nous faire dire « oui ». En se servant de la division qui s'est installée au sein de la famille.

Nous avons pourtant des choses à dire, pour Vincent ! Nous voulons qu'il soit transféré vers un autre établissement. Le Pr Ducrocq, le Dr Jeanblanc viennent le voir après cette réunion, en vue de la « collégialité médicale » qui se tiendra le 9 décembre 2013. Le réconfort que l'on attend d'un médecin, ce sont eux qui nous l'apportent, avec leur compétence, leur expérience des patients comme Vincent et leur humanité. Le Pr Ducrocq, on l'a vu, est professeur en neurologie et professeur d'éthique ; le Dr Jeanblanc, je l'ai dit, travaille depuis trente ans avec des personnes en état pauci-relationnel et dirige un établissement où ils reçoivent tout ce dont ils ont besoin – à commencer par un « projet de vie » !

Pour ces spécialistes, il n'y a pas l'ombre d'un doute, Vincent est en état pauci-relationnel. Cela confirme ce que je ressens, ce que je constate : Vincent est capable de relations, de réactions, de sensations, de sentiments de bonheur et de souffrance. Il doit recevoir des soins qui lui sont refusés. Il a besoin d'être stimulé. Il a besoin de kinésithérapie. Il faut entretenir son tonus. On devrait l'aider à retrouver le réflexe de déglutition, le mettre au fauteuil. Ce sont là des conseils de médecins qui ne sont pas venus au chevet de Vincent pour nous, mais pour lui. Ils voient que Vincent est loin d'être dans un état aussi mauvais que le prétendent Kariger et son équipe – et une certaine presse !

Cela nous rassure : nous imaginons encore que cela va nous permettre de progresser dans notre dialogue avec le Dr Kariger.

Dialogue impossible. Kariger n'en veut pas. Il refusera la présence du Dr Jeanblanc à la « collégialité médicale » du 9 décembre : y a-t-il des éléments qu'il ne veut pas prendre en compte ? Seul le Pr Ducrocq sera autorisé à venir présenter une autre solution pour Vincent que la « fin de vie ». Il sera seul face à sept médecins extérieurs et soigneusement sélectionnés, je le pense, pour leur position privée ou officielle sur le sujet. Ils ont déjà pris leur décision.

En attendant la réunion collégiale des médecins, le 9 décembre 2013, nous sommes inquiets. Le temps semble suspendu depuis la décision du mois de mai; depuis, surtout, l'annonce par Kariger de la reprise d'une «réflexion» que nous savons toute faite déjà. Il n'a pas changé d'avis. Il a même annoncé dans la presse qu'il allait reprendre la même décision. Mais en attendant il respecte la procédure. Je vis cela de manière étrange : comme s'il y avait une menace permanente sur la vie de Vincent. Alors, nous avons beau avoir gagné le premier «round» devant le tribunal, nous sommes chaque jour plus conscients de la réalité de cette nouvelle menace.

Les réunions en présence de la famille sont censées confronter des points de vue, faire réfléchir ensemble, pour permettre au médecin de prendre sa décision au vu de ce qu'aura dit chaque proche du patient. Il n'en sera rien. J'ai le pressentiment que tout est décidé d'avance, que tout est organisé. Le Dr Kariger mène la deuxième réunion sans ciller, le 16 novembre, de manière «normale», mais il est nerveux. Il laisse transparaître son objectif véritable : la fin de vie de Vincent. Il réagit mal dès que nous n'allons pas dans son sens, il est impulsif et ne parvient pas à le cacher. A la moindre de nos interventions – Pierre, David, Anne, moi... – il est agacé. Le climat nous est hostile. Nous savons très bien ce qui va sortir de cette prétendue «collégialité».

Nous avons la très nette impression que nous ne sommes là que pour permettre au Dr Kariger de reprendre sa décision du début de l'année, mais cette fois « dans les formes » qu'il avait sciemment omis de respecter la première fois.

C'est d'une telle hypocrisie que je ne peux pas rester plus longtemps. Je n'en peux plus. Demandait-on aux mères de prendre part aux délibérations pour savoir si on allait condamner leur enfant à la peine capitale ? La situation est inhumaine. Je me lève. J'annonce que je m'en vais. Kariger prétend que je n'en ai pas le droit : il se lève et me barre le chemin. « Vous ne sortirez pas ! » Comment ose-t-il ? Je suis maître de ma propre personne et de mes mouvements, tout de même !

Kariger raconte aujourd'hui que j'ai fait du « théâtre ». Mais non. J'étais persuadée d'être au cœur d'une mascarade. Je ne pouvais pas le supporter pour moi – et je ne pouvais surtout pas le supporter pour Vincent. J'étais devant un médecin tout-puissant qui voulait imposer sa manière de voir, en m'utilisant qui plus est. C'est tellement vrai que, après cette réunion, Kariger a expliqué que c'était à lui, et à lui seul de prendre la décision de « débrancher » Vincent, et qu'il comptait le faire au début de l'année, après Noël – en janvier 2014 donc – après avoir réuni les médecins.

Nous nous insurgeons. On ne va pas quand même traiter Vincent comme un yo-yo ! Le débrancher une nouvelle fois, quitte à le rebrancher ? Kariger promet tout de même de ne pas en arriver là. Mais il décidera, seul. La seule assurance que nous avons désormais, c'est d'être prévenus. Que cela ne se fera pas dans notre dos, comme la première fois. Nous aurons vingt-quatre ou quarante-huit heures – je ne sais plus – entre le moment de la décision et l'arrêt de l'alimentation de Vincent. Cela nous donnera le temps de nous tourner une nouvelle fois vers la justice. Maigre consolation – mais c'est au moins une lueur d'espoir dans une situation qui semble si noire, si figée. Ces quelques jours de répit où Kariger a promis de ne pas passer à l'acte, nous saurons les utiliser, c'est sûr. Dans ma tête, tout est déjà en ordre de bataille. Nos avocats seront prêts.

D'autant que, cette fois, il n'est pas question de laisser à Vincent un peu d'hydratation – les 200 millilitres quotidiens qui lui avaient permis de tenir trente et un jours sans manger. Non seulement on lui coupera les vivres, mais cela devra aller vite : on lui supprimera aussi toute hydratation. Quitte à lui donner une sédation profonde, pour qu'il n'ait conscience de rien, et ne souffre pas.

Et ils osent, en même temps, parler de « survie artificielle ». Sont-ils en train de reconnaître que Vincent a des sensations, des sensations de bien-être, de douleur, de souffrance... de soif ? Je frémis encore à l'idée de ce qu'il a déjà souffert, alors, la première fois, sans rien pouvoir dire, sans pouvoir crier !

15

Seul contre tous

9 décembre 2013. Eric Kariger tient sa réunion collégiale médicale à Sébastopol. Je sais d'avance ce qui en sortira : pour moi, elle est de pure forme. Tout a été décidé depuis bien longtemps. De toute façon, Kariger nous avait dit qui participerait à cette réunion : Véronique Fournier, cardiologue et directrice du Centre d'éthique à Cochin, nommée par Rachel, plusieurs autres médecins, des infirmières. Le Pr Xavier Ducrocq nous représenterait. Seul. Nous avions pourtant demandé que le Dr Bernard Jeanblanc participe : non seulement il a une expérience des patients comme Vincent, mais il l'a examiné. Sa présence a été refusée. Les dérangeait-elle à ce point ?

Le Pr Ducrocq, « notre » expert, sera le seul à argumenter en faveur du maintien en vie de Vincent. Il soulignera que son état ne relève pas d'un service de soins palliatifs, mais bien d'un établissement spécialisé dans l'accueil de patients présentant un handicap lourd. Il dira sans ambages à ces médecins qu'ils se livrent à un dévoiement de la collégialité puisque la décision de ne pas laisser en vie était envisagée depuis très longtemps. Il remet explicitement en doute les pratiques du CHU de Reims. Il a proposé d'accueillir Vincent dans son hôpital. Sans succès.

Un contre tous... La pièce était bien montée. C'est le Pr Ducrocq qui nous raconte la scène, puisque nous non plus, nous n'y assistons pas. Il se retrouve toujours face aux mêmes arguments, les mêmes depuis le début, en faveur de la « procédure de fin de vie ». Hormis Kariger, les médecins présents n'ont jamais vu Vincent. Aucun n'a pris cette peine. Certains le revendiquent même par écrit : ils n'ont pas voulu voir Vincent pour garder un avis objectif et extérieur ! Le Pr Ducrocq argumente, plaide, explique. Mais quel que soit le poids de ses paroles, elles ne vont pas infléchir ce parterre de médecins et soignants soudé et convaincu.

Combien de gens se sont permis de juger du cas de Vincent, et de justifier que sa vie s'arrête, sans jamais l'avoir vu, sans le connaître autrement que par les dires de Kariger ! Y compris Jean Leonetti, qui en a même parlé à la radio... Il se permet de parler d'un patient qu'il ne connaît pas. J'en ai été tellement indignée que j'ai fini par lui écrire, après une émission sur France 2 en mars 2015. Indignée par son parti pris. Je n'oublie pas que Jean Leonetti, pendant tout ce temps de « l'affaire Vincent Lambert », prépare sa nouvelle loi...

Cette loi parle des gens comme Vincent. Elle dit que l'alimentation est un « traitement », qu'on peut donc arrêter. Elle dit que le fait de nourrir et d'hydrater une personne qui n'est pas en fin de vie peut constituer une « obstination déraisonnable ». Je plains les personnes en « état végétatif » ou pauci-relationnel qui vont se trouver face à un médecin qui pensera devoir les mettre « en fin de vie » parce que « l'obstination déraisonnable » est interdite. Ils seront face à la toute-puissance...

Le Pr Ducrocq fait ce qu'il peut. Avec son calme, sa compétence de professeur de neurologie, sa grande humanité. Il connaît Vincent, il l'a vu plusieurs fois, il l'a examiné ; Vincent a une forme de conscience, il n'est pas en fin de vie. Mais il clame dans le désert. On l'utilise : sa présence donne un semblant de légitimité à cette « réunion collégiale » qui n'a de collégial que le nom. A travers lui, M. et Mme Lambert ont pu exprimer leur point de vue, en quelque sorte. Les formes sont respectées. Qu'ils se taisent désormais !

Nous l'avons nommé comme notre défenseur, le défenseur de la vie de Vincent. Nous savons bien – le Pr Ducrocq le sait aussi – que les dés sont pipés. Mais nous n'avons pas le choix. Nous saisissons toutes les occasions, tous les espoirs, si ténus soient-ils...

Nous l'attendons, anxieux, au chevet de Vincent. Nous savons, Pierre et moi, combien cette réunion est décisive. Quand le Pr Ducrocq entre dans la chambre, après ces heures interminables, il n'a pas besoin de nous en dire l'issue. Il est abattu. Triste. C'est un homme qui croit en ce qu'il fait, en sa mission de médecin. C'est tout cela qui vient d'être nié.

Que nous a-t-il dit, en sortant de cette réunion ? Je ne le sais même plus. Dans ce genre de circonstances, on est abasourdi, écrasé...

Je ne sais pas non plus, je ne saurai sans doute jamais, comment Eric Kariger a choisi ses invités à la réunion collégiale – puisqu'ils n'avaient aucun lien avec Vincent ! Ils avaient au moins un point commun : ils étaient tous favorables à la « procédure de fin de vie ». Ils n'ont même pas prétendu être neutres. Ou objectifs.

J'y reviens toujours. Nous avons obtenu trois jugements favorables au tribunal administratif de Châlons-en-Champagne : la première fois, devant un juge, la deuxième fois, ils étaient neuf. Cela ne compte-t-il donc pour rien ? Je ne peux pas m'empêcher de faire le lien avec la loi Claeys-Leonetti qu'on préparait déjà, et qui est en train d'être adoptée. Il fallait que nous perdions. Il fallait à tout prix qu'on ne nous entende pas. Sans quoi leur édifice s'écroulait.

Que nous a dit le Pr Ducrocq ? Oui, j'ai du mal à m'en souvenir dans les détails. Je suis une mère qui vient d'apprendre la nouvelle condamnation à mort de son fils après qu'il a été sauvé, gracié une première fois. Mais je me rappelle une chose, et cela restera pour toujours gravé dans ma mémoire comme un souvenir insoutenable. Je me souviendrai de la colère de Xavier Ducrocq, ulcéré par ce qu'a osé dire Véronique Fournier, l'une des collaboratrices du Dr Kariger : « De toute façon, ce jeune homme-là, il est gommé. »

Je suis en colère, moi aussi. Je voudrais aller le voir, ce médecin qui a dit que mon fils était « gommé » ! Mais on ne rencontre pas les médecins dans ces cas-là. Evidemment...

La comprenez-vous, ma révolte contre cette injustice ?

16

Deux nouvelles victoires devant le tribunal administratif de Châlons

C'est dans cette situation d'abattement que tombe une nouvelle inattendue, qui nous plonge dans une inquiétude encore plus forte. Jérôme Triomphe nous appelle le 18 décembre 2013. Il vient d'apprendre, par le greffe du tribunal administratif de Châlons-en-Champagne, que François, le neveu de Vincent, a fait une « tierce opposition » à la décision du 11 mai 2013 qui a ordonné de réalimenter Vincent. En clair, François demande au juge des référés d'annuler cette décision. S'il obtient gain de cause, Vincent mourra.

Mais de quel droit fait-il cela ? Qui est-il ? Sept mois plus tard ? Au moment même où la deuxième décision de mort est arrêtée par le Dr Kariger ? Qui, lui, l'enrobe dans des apparences de légalité...

Il faut dire que François a été exclu de la « procédure collégiale familiale » qui nous a réunis, Pierre et moi, Rachel et les frères et sœurs de Vincent. Le Dr Kariger avait proposé que François y participe. Nous nous y sommes opposés. Le Dr Kariger n'a pas insisté.

François tient donc sa revanche : il a saisi un avocat spécialisé qui demande la remise en cause de la décision du 11 mai 2013. Comme si c'était un jeu. Un jeu pathétique... Dramatique ! Une nouvelle fois, il y va de la vie de Vincent.

En ce 18 décembre, Jérôme Triomphe apprend, à 16 heures, qu'il doit plaider le lendemain à 10 heures du matin. Il va travailler toute la nuit et rédiger un mémoire de vingt-huit pages pour répondre point par point à François. Nuit blanche. Plaidoirie. Victoire ! Le juge des référés-libertés rejette la tierce opposition de François le 20 décembre.

*

Les fêtes de Noël 2013 et du Nouvel An auront pour nous un goût amer. Mais il nous en reste un beau et touchant souvenir. David et Anne sont venus à Reims avec tous leurs enfants, et tous ces neveux et nièces de Vincent lui ont chanté des noëls dans sa chambre. Je me souviens de son regard, de son étonnement devant toutes ces voix. Je crois qu'il en a été heureux.

Les jours passent. Mon esprit est ailleurs. Je pense sans cesse à Vincent. Inexorablement, le moment approche où Kariger nous dira sa « décision » que je connais déjà. Son « verdict » tombera comme il l'a promis, au début de 2014 : le samedi 11 janvier à 11 heures. Vincent doit mourir parce qu'il y a un « doute » sur sa volonté de vivre. Un doute, c'est tout... Le doute ne doit-il pas profiter à la vie ? J'ai beau être préparée à cette nouvelle épreuve, elle n'en fait pas moins mal. Pour moi, c'est une décision d'euthanasie, tout simplement. Kariger est resté enferré dans son propos de «laisser mourir» Vincent, mais il nous laisse deux jours pour déposer un nouveau référé. Si nous n'agissons pas, l'alimentation de Vincent sera arrêtée le mardi 14 janvier. Il mourra quelques jours plus tard.

Deux jours pour nous opposer à un médecin qui a pris fait et cause pour que la vie de Vincent s'arrête.

Et pourquoi ? Kariger – qui a multiplié les entretiens tout en entretenant son image médiatique – l'a expliqué au *Figaro*, pour Vincent, «il n'y a plus d'espérance qu'il recouvre une vie relationnelle normale». Il n'éprouve plus le plaisir de goûter sa nourriture. Mais que faudrait-il donc pour que Kariger juge Vincent digne de soins : qu'il guérisse à 100 % ?

Il faudra que tout soit prêt, que nos avocats parviennent à convaincre le tribunal, qu'ils argumentent autour de toutes ces notions nouvelles qui se sont insinuées dans le droit français à la faveur de la loi Leonetti de 2005 en rendant de plus en plus ténue la protection de la vie des grands handicapés. «Obstination déraisonnable», «survie artificielle», «alimentation artificielle», les mots tournent dans ma tête mais ne signifient rien face à la réalité : j'ai un fils qui vit, gravement handicapé, mais qui vit ! Que valent les raisonnements savants qui ont pour seul but de nier cette vie, et, l'ayant niée, de la détruire ?

Une fois de plus, la guerre est devant nous, puisque nous avons pris d'emblée l'engagement d'aller jusqu'au bout. Pouvait-il en être autrement ? Il s'agit de sauver une vie humaine : la vie de notre fils. Jérôme Triomphe, Jean Paillot et tous ceux qui nous ont entourés depuis le début sont toujours là. Ils saisissent de nouveau le tribunal administratif de Châlons d'un référé-liberté le 13 janvier 2014 : l'audience est fixée au 15 janvier.

Nous savons que ce sera plus difficile : la première fois, en mai 2013, Kariger était venu démuni, sans avocat, il ne s'était pas attendu à être contré... Cette fois-ci, ce sera plus âpre. Kariger est déterminé. Rachel viendra avec son propre avocat. Et nous, nous sommes des gens à combattre.

Que l'affaire soit sérieuse – et même d'une exceptionnelle gravité –, le tribunal de Châlons en a pris la mesure. Jérôme Triomphe m'appelle : il vient d'apprendre que le tribunal sera formé de neuf juges. D'habitude le juge des référés est seul... Tout ce qui en sortira, la décision qui sera prise, aura un poids inhabituel. Je m'inquiète. Mais ce choix de solenniser l'audience et le procès me dit déjà qu'ici, au moins, on ne considère pas Vincent comme quelqu'un qui serait déjà « gommé ». Vincent fait partie de la communauté des hommes, et non des morts-vivants. C'est bien une affaire de vie et de mort.

Et si nous gagnons ? Eh bien, cette solennité nous confortera ! Nous aurons eu raison de nous battre. La vie de Vincent vaut bien cela : tout cela. L'anxiété, le doute, la colère, l'impression de nous heurter à des montagnes d'indifférence ou de mauvaise foi – mais aussi l'humiliation. L'humiliation de voir nos vies étalées, et plus encore celle de la division de notre famille. C'est dur, c'est éprouvant de se retrouver dans la salle d'audience d'un tribunal face à une partie de ses propres enfants qui croient devoir se battre pour la mort de leur frère ! J'ai si mal de voir notre famille partir en éclats autour de la vie de Vincent. C'est une façon de l'abandonner...

En face, tous les coups sont permis. A l'audience, l'avocat de Rachel se permettra même de parler de notre vie privée. Le président l'arrête : « Nous ne sommes pas en correctionnelle ! » Il a senti la tension, pris la mesure de ce qui se joue dans cette salle d'audience noire de monde : nous d'un côté, otages d'un enjeu qui nous dépasse, de l'autre, des gens qui veulent nous discréditer à titre personnel, devant les médias – il y a des journalistes par dizaines.

Notre fille Marie, qui soutient pourtant la décision du Dr Kariger, en est outrée, elle aussi. Le soir même, elle nous envoie un SMS pour nous dire qu'elle n'a pas du tout apprécié les interventions des avocats de Kariger et de Rachel. Elle le leur a signalé avec verdeur. A l'issue de l'audience, elle dira son indignation à la presse. Cela n'a pas été repris...

Pourquoi la presse est-elle là, d'ailleurs ? Parce que « l'affaire Vincent Lambert » touche les gens à la manière d'une cause célèbre, d'un procès capital. Cela fait bien longtemps que la France n'a pas connu de procès d'assises où un criminel risque sa tête. Mais ici il n'y a pas de criminel : il y a un handicapé, fragile, dont le seul tort est de vivre, avec des intérêts politiques à la clef. Mais les sympathies de la presse ne semblent pas du côté de l'« accusé ». Je crois les entendre presque hurler : « A mort ! »

De toute façon, nous ne sommes pas seuls. Jérôme Triomphe et Jean Paillot se complètent : Jérôme avec sa faconde, son enthousiasme, Me Paillot plus mesuré dans l'expression, tout aussi percutant.

La présence de nos avocats nous réconforte, mais nous sommes tendus. Lorsque vient l'heure pour le rapporteur public de prendre la parole, la tension monte même d'un cran : nous savons, Jérôme nous a prévenus, que devant le tribunal administratif le rapporteur public qui donne son avis indépendant en droit joue un rôle de premier plan. Le plus souvent – pas toujours ! –, les juges administratifs suivent son avis. Je m'accroche à mon siège. Le rapporteur public, je l'ai repéré : c'est une femme, jeune, assez grande, l'allure moderne. Pas vraiment « vieille France ». Parlera-t-elle pour Vincent, ou contre lui ? Ce ne sont ni son physique ni ses choix vestimentaires qui peuvent me l'apprendre.

La voix posée et claire de Mme le rapporteur public va remplir la salle d'audience pendant cinquante minutes. Je ne comprends pas tout – je ne suis pas en état. Mais je suis rassurée. Rassurée par ce ton mesuré, ces références à la première liberté, qui est de vivre, ces rappels de ce qu'ont dit le Pr Ducrocq et le Dr Jeanblanc à propos de Vincent. L'horizon commence à s'éclairer. Pour moi, c'est une voix qui demande justice : je n'en demande pas plus !

Elle souligne l'état de « vulnérabilité complète » de Vincent, et c'est pour cette raison qu'elle réclame la protection de sa vie, « sauvegarde d'une liberté fondamentale ». Elle a pris la peine de s'intéresser à l'avis du Pr Ducrocq, du Dr Jeanblanc : elle les cite. Surtout, elle a compris qu'en autorisant un médecin à « débrancher » l'alimentation de Vincent les juges seraient amenés à « porter un jugement sur sa qualité de vie, sur la qualité de la vie, sur le sens d'une vie ».

Aucun juge ne doit le faire. Aucun juge ne doit « construire » la volonté d'un patient sur des attitudes, des phrases anciennes et incertaines.

Cette femme jeune qui n'a pas vu passer d'autres affaires comme celle de Vincent frappe par le sérieux de son intervention. Elle parle en éthicienne lorsqu'elle dit : « Rien ne permet de déterminer que la nourriture et l'hydratation artificielles lui apportent plus de souffrance que de bienfaits », on ne peut donc les considérer comme des « traitements disproportionnés », et l'« obstination déraisonnable », dans cette affaire, n'est qu'une fable...

Le Dr Kariger est présent, à côté de son avocat. Il me semble agressif, l'air hargneux. Il veut gagner, cela se voit. Le tribunal a toutes les chances de suivre Mme le rapporteur.

*

Lorsque la décision tombe, nous sommes à Sébastopol. C'est l'heure du déjeuner. David, Pierre et moi sommes dans le salon de l'hôpital. Nous ne voulons pas l'apprendre au chevet de Vincent – et si c'était une mauvaise nouvelle ? Le nom de Jérôme s'affiche sur le portable de David. Le temps s'arrête David décroche. Je n'ai pas besoin de tendre l'oreille pour entendre...

Il a hurlé, Jérôme ! Un hurlement de joie, à la mesure de tout ce qu'il a mis de lui-même dans cette bataille : « Troisième victoire ! » Nous sautons de joie... Nous nous embrassons... Nous pleurons. Nous nous précipitons dans la chambre de Vincent, pour lui dire que c'est gagné. Oui, j'ai pris le parti de tout lui dire, car je ne sais pas ce qui lui est raconté par les autres... Si : nous savons que, la première fois, Mme Oportus l'a prévenu au moment où son alimentation a été coupée : « Vincent, tu vas t'endormir, tout va bien se passer... » Nous disons à Vincent que nous sommes là, à côté de lui. « Nous avons gagné ! Tu es victorieux... »

Ce qui me frappe douloureusement, c'est qu'à ce moment-là la partie adverse – et particulièrement l'épouse de Vincent – est triste.

Pour nous, avec cette troisième victoire, « l'affaire Vincent Lambert » est finie. Terminée. Nous allons pouvoir nous organiser enfin pour que Vincent puisse être transféré dans un lieu où il sera soigné et respecté dans sa dignité d'homme, s'épanouir autant que faire se pourra.

17

La prison

17 janvier 2014. Dès le lendemain de cette troisième victoire devant le tribunal administratif de Châlons, nous allons voir Vincent, comme d'habitude. Choc – encore un. Il y a deux gardes dans le couloir près de la porte de la chambre de Vincent. La porte est fermée à clef. Une caméra la surveille. Que se passe-t-il ? Je ne comprends rien. Nous nous précipitons au bureau des infirmières, qui est en face. Vincent a-t-il un problème ? L'angoisse monte vite...

La réponse est aimable, rassurante – lénifiante. C'est pour protéger Vincent. La direction de l'hôpital craint pour sa sécurité. Il est à la merci d'un fou. N'importe quel déséquilibré pourrait s'introduire dans sa chambre pour le supprimer, nous disent les infirmières. Ou alors, quelqu'un pourrait organiser un « coup ». Quel coup ? Nous n'aurons pas d'explication. Croient-ils que nous allons embarquer Vincent ?

En attendant, nous voilà dans une situation absurde. Pour voir Vincent, nous devons montrer nos cartes d'identité, et même les laisser aux infirmières. Moi, sa mère, je dois montrer patte blanche chaque fois que je lui rends visite – deux fois par jour, en général. « Nous avons des ordres », nous explique le personnel. On les applique, rigoureusement, avec toute la froideur d'une administration qui a des droits sur Vincent, et qui est prête à oublier jusqu'aux liens de parenté. Laisser nos cartes, chaque jour, deux fois par jour s'il le faut : alors seulement un préposé viendra ouvrir la porte de sa chambre. On notera nos heures d'arrivée et nos heures de départ. Théoriquement, on doit même nous accompagner dans la chambre pour noter dans quel état se trouve Vincent, et faire de même lorsque nous partons, avant de fermer sa porte derrière nous...

Nous n'étions au courant de rien. Personne ne nous avait demandé notre avis. Personne n'avait même eu la correction – ou la gentillesse, ou l'humanité – de nous prévenir, pour que nous ne nous trouvions pas tout d'un coup devant notre fils enfermé à clef. Nos sentiments ne comptent pas, ni nos droits...

J'ai cru que c'était la réponse à une menace précise. Mais non. Cela fait plus d'un an que ça dure. Les gardiens ne sont pas restés très longtemps – trop cher sans doute. Inutile, surtout... Mais il y a toujours la caméra. La porte fermée à clef, avec une clef de sécurité, bien sûr – ont-ils peur des passe-partout ?

C'est seulement à force de demander, d'insister, que nous avons obtenu qu'un hublot soit installé dans la porte, pour assurer un minimum de ventilation. Car Vincent souffre beaucoup de la chaleur. Hublot il y a – désormais –, mais il ne s'ouvre pas. Sa chambre est très ensoleillée : dès les beaux jours, au moindre rayon de soleil, la température y monte à 27 degrés. Les fenêtres ? On peut tout juste les entrouvrir. Les équipes, nous le voyons bien, n'ont pas assez de temps pour venir contrôler s'il va bien. Autrefois, la porte pouvait rester ouverte : cela faisait un peu d'air, et les soignants pouvaient jeter un œil. Maintenant, dès que nous repartons après une visite, la porte est refermée. A clef. Ce n'est pas la petite climatisation d'appoint qui fait la différence, même quand elle fonctionne – une fois sur deux – en faisant un bruit de tracteur.

Oui, Vincent souffre énormément de la chaleur, lui qui déjà n'aimait pas venir en Provence « sous le cagnard ». Il souffre, et il ne peut rien faire pour chercher un peu de fraîcheur. Prisonnier dans son corps, prisonnier dans sa chambre. Il y a bien un babyphone relié au bureau des infirmières. Mais c'est sûr : Vincent ne peut pas se faire entendre. Ni appuyer sur le bouton d'appel. Et il n'y a pas toujours quelqu'un : je le sais bien, quand je pars un peu tard et que je dois récupérer ma carte d'identité, il n'y a souvent personne. Alors ?

Il nous est arrivé de découvrir Vincent couvert de transpiration, en nage, parce que les volets étaient restés ouverts, que le soleil tapait, que la porte était fermée. Un sauna. Alors j'essaie de le rafraîchir, je lui mets des linges humides, des coups de brumisateur. Mais quand je ne suis pas là ?

Et les autres qui viennent le voir ? Je pense que les infirmières ont une liste de noms. Le Pr Ducrocq est venu voir Vincent un jour. Visite d'amitié, d'affection ; il passait par Reims. Il nous avait appelés, pour nous dire qu'il aurait grand plaisir à rendre visite à Vincent. Une fois sur place, il a dû, comme tout le monde, laisser sa carte d'identité. Aussitôt, le Dr Kariger est arrivé dans la chambre de Vincent. Pour voir. Pour voir quoi ? Même chose avec le Dr Jeanblanc. Dès qu'il a laissé sa carte, le médecin de service – une femme – a certainement été prévenu. En tout cas, elle est arrivée, elle aussi, très vite. Un peu gênée, pour le coup.

Le Pr Ducrocq, le Dr Jeanblanc, ce sont pourtant des confrères. Et le moins qu'on puisse dire, c'est qu'ils ne veulent aucun mal à Vincent !

Même l'aumônier de l'hôpital est obligé de se soumettre à ce petit cirque administratif autour de Vincent, qui serait risible s'il ne s'agissait pas d'un être humain, s'il n'avait pas failli mourir par décision de ceux qui sont censés le « protéger » ainsi. L'aumônier a été interpellé dans la chambre, où il nous avait rejoints, pour qu'il vienne déposer sa carte d'identité. Etonné, un peu irrité, il a répondu : « Vous me connaissez, je suis l'aumônier de l'hôpital ! » Réponse : « Ah, mais nous sommes obligés, nous sommes désolés... »

Obligés par qui ? Il paraît que c'est l'hôpital qui a fait une demande auprès du procureur de la République. Nous n'avons jamais vu de document.

Sommes-nous la menace dont il faut « protéger » Vincent pour pouvoir le faire mourir ? Je n'en sais rien.

Oui, il m'est venu à l'idée de l'emmener, de le kidnapper. C'est mon enfant après tout, mon enfant qu'on fait souffrir. Médicalement, ce ne serait pas bien compliqué : le plus gros des soins, à part la toilette, c'est l'alimentation, les poches qu'il faut installer. Elles se trouvent en pharmacie, un peu comme des pots pour bébé : ce ne sont pas des formules spécifiques. Si un jour je peux accueillir Vincent à la maison, je pourrai même lui préparer ses repas, il suffit de les équilibrer et de bien les mixer pour les passer dans la poche. On pourrait même, petit à petit, lui faire une rééducation de la déglutition.

Mais comment faire pour enlever Vincent ? Et puis à quoi bon ? On nous arrêterait. Que cela se retourne contre nous, ce ne serait pas grave. Mais Vincent ne serait pas plus avancé – cela se retournerait contre lui aussi. Alors, non...

Je continue d'aller voir Vincent, tous les jours, je laisse ma carte, je la reprends, je « pointe ». J'ai dans les oreilles le bruit de la clef qu'on tourne, pour que je puisse entrer dans la chambre de mon fils. Et de la clef qu'on retourne encore, pour l'enfermer quand je pars.

Je quitte toujours Vincent le cœur gros. Surtout quand il va moins bien. Il y a eu un temps où le débit de son alimentation était trop rapide, je le sentais mal à l'aise. Nous le voyions souffrir chaque jour que nous étions là. Je voyais comment on refermait la porte sur lui, et je partais, malheureuse... Et quand j'appelais, on me disait toujours : « Vincent va bien ! »

Il va bien, comme un prisonnier... Le Dr Jeanblanc a dit un jour que Vincent se trouve dans un univers carcéral.

Vraiment, j'ai l'impression de visiter un condamné.

18

Pressions ministérielles

Peu de temps après la troisième décision de Châlons-en-Champagne, Mme Marisol Touraine, ministre de la Santé, a appelé Rachel pour l'encourager à faire un recours devant le Conseil d'Etat. Parce que «l'affaire Vincent Lambert» est devenue une affaire politique. On s'en est abondamment servi pour porter la loi Claeys-Leonetti sur la fin de vie. Cette loi veut étendre la pratique des «protocoles de fin de vie» qui étaient déjà prévus dans la première loi, en multipliant les cas où les médecins devront cesser de nourrir et d'hydrater des personnes, soit qu'elles le demandent, soit qu'elles aient laissé des directives anticipées ou de simples témoignages – c'est écrit dans le projet. Combien de Vincent Lambert vont-ils éliminer de cette manière? Ce sera tellement plus facile! Tellement plus rapide, par la déshydratation!

Je pense même que, à un moment donné, les familles qui gardent auprès d'elles un patient comme Vincent auront des difficultés. Et je ne suis pas seule. Devant le Conseil d'Etat, l'association française des traumatisés crâniens est intervenue à nos côtés pour dire son inquiétude. Nous ne l'avions pas sollicitée... Mais nous avons été très heureux de cette intervention, nous nous sommes rencontrés à plusieurs reprises. J'ai trouvé quelqu'un qui comprenait parfaitement mon état d'esprit en la personne du Dr Petit, administrateur de cette association : il a un enfant comme Vincent. Et nous avons fait bloc.

Cette association, par la suite, a demandé à être reçue par Jean Leonetti, qui préparait sa nouvelle loi. Refus. Il y a des gens qui ne méritent pas d'être entendus, alors qu'ils sont au cœur du sujet !

Non, les gens comme nous, nous ne comptons pas. La loi est comme un mur sur lequel on se fracasse. Ceux qui l'on faite sont les maîtres à bord. Ils « discutent » en faisant leurs projets, mais ils ne tiennent compte de personne. A leur échelle, les choses se passent comme pour Vincent : tout est décidé d'avance. Et les cas particuliers ne servent qu'à faire progresser leurs projets. En 2005, ils se sont servis de Vincent Humbert ; en 2015, ils se servent de Vincent Lambert. Et même au prix de sa vie, s'il le faut.

Mais Vincent, j'en suis certaine, n'est pas un cas unique. Il n'est ni le premier, ni ne sera le dernier... Je vous ai parlé de ce voisin de Vincent, ce jeune homme, David, qui était dans la chambre d'à côté. De sa mère, défaite : elle qui m'a annoncé qu'il allait mourir dans un ou deux jours, que c'était la fin. Même scénario. Elle voulait récupérer son fils, pour s'en occuper chez elle. Son histoire me hante. Je suis persuadée qu'on a fait mourir son fils. Il n'a même pas eu droit à un essai de rééducation. Et comme pour Vincent, son « protocole de fin de vie » a duré un mois.

Etre témoin de tels faits, cela rompt la confiance à l'égard des médecins. D'ailleurs je n'arrive pas à comprendre comment un tribunal a pu nous donner raison en faisant remettre la nourriture à Vincent mais en le laissant dans le même hôpital, alors que nos avocats avaient réclamé son transfert. Pour que tout soit clair et juste, il aurait dû être transféré ailleurs, dès le départ, ou au moins en attendant des expertises. Là où il est, on a voulu le faire mourir, et on le laisse sans soins : pourquoi cette obstination ? Quand prendront-ils en compte l'intérêt de Vincent ?

Il est dans un service où, en dehors des soins basiques, il est laissé à l'abandon... On lui refuse même les soins qu'on donne aux personnes qui sont vraiment en fin de vie. Il est alimenté parce que la justice l'a ordonné, et on lui fait sa toilette. Point.

J'ai visité l'unité de vie pour cérébro-lésés que dirige le Dr Jeanblanc, près de Strasbourg. Sous la direction de ce médecin jovial et sensible, tout est fait pour que les patients aient la vie la plus riche possible. Le personnel – tous sont volontaires pour travailler ici, aidés de bénévoles – reçoit une formation spéciale pour s'occuper de personnes qui sont exactement comme Vincent – certaines sont même bien plus atteintes que lui. Il y a bien 1 500 ou 1 700 personnes comme Vincent en France : si on le « laisse mourir », comme ils disent, que fera-t-on de tous ceux-là ? Vincent y est attendu.

Je sais bien qu'en face on nous parle de l'intérêt de Vincent, de ce qu'il « aurait voulu ». Rachel affirme avoir tout fait par amour. Mais pour moi, c'est du délire. Quand on aime quelqu'un, on fait tout pour qu'il reste en vie, allons ! Nous aurions dû réunir toutes nos énergies pour nous occuper de Vincent... Vraiment, j'en ai froid dans le dos.

Je me pose parfois la question : et si Vincent avait laissé des directives anticipées, très claires ? Qu'il ait écrit : « Si je dois me retrouver dans cet état-là, je réclame qu'on me fasse mourir » ? Nous en aurions été très tristes, évidemment. Aurions-nous eu d'autre choix que nous incliner ?... Moi qui l'ai porté, qui lui ai donné la vie, je l'aurais peut-être subi. Mais je n'aurais pas pu l'accepter dans mon cœur, jamais. On ne fait pas mourir un être humain délibérément. On peut, on doit « laisser mourir » quelqu'un qui est mourant et qui souffre d'être maintenu en vie, c'est autre chose ! C'est ça, le sens du refus de l'acharnement thérapeutique ! Vincent n'est pas victime d'acharnement thérapeutique, ni d'« obstination déraisonnable », ni rien de tel : on se contente de lui donner ce dont il a besoin.

Mais il ne les a pas laissées, ces directives. Kariger s'appuie sur des paroles rapportées par Rachel : rapportées pour la première fois cinq ans après l'accident, quand il s'est agi de valider la décision d'avril 2013 de le faire mourir. Des paroles fugaces d'un jeune homme en pleine santé. Connaissant Vincent, je crois que, s'il les avait dites, et qu'elles correspondaient alors à sa ferme volonté, il aurait rédigé des directives anticipées. Il était infirmier. Il travaillait auprès de personnes très handicapées. Il n'était pas sans savoir... Pouvait-il alors imaginer qu'elles pourraient un jour conduire à le priver de nourriture et d'hydratation pour le faire mourir ?

Je suis stupéfaite que la justice se satisfasse d'un seul témoignage, fût-il celui de l'épouse.

19

Ces « pauci-relationnels » qui communiquent

Jamais je n'ai cessé d'espérer. Bien sûr, depuis que Vincent a eu son accident, je m'intéresse à ces cas où des personnes en coma ou en « état végétatif » – ou pauci-relationnel, comme lui – se réveillent ou récupèrent subitement des facultés qui semblaient perdues à jamais. Je suis à l'affût des articles des journaux, des informations qui circulent sur Internet. Aujourd'hui je dresse l'oreille, quand naguère j'entendais parler de handicaps graves et que je n'imaginais pas combien cela allait me toucher de près. Ces douleurs-là, c'est toujours pour les autres. Nous nous croyons tous invulnérables ! Une fois qu'on est frappé dans sa chair, tout est différent.

Je sais bien que ces « réveils » ne sont pas fréquents. Mais, s'ils sont rares, ils ne sont pas impossibles. Il y a des surprises. Et même des miracles. D'une certaine façon, cela nous tient en haleine. Bien sûr, que nous espérons !

Même si nous nous sommes fait une raison. Ce n'est pas pour autant qu'il faut se dire que tout est perdu.

La médecine fait des progrès. Il y a de mauvais diagnostics – pour les «états végétatifs», je l'ai dit, cela atteint plus de 40%, comme l'a écrit le Pr Steven Laureys, du Coma Science Group de Liège. Alors pourquoi lâcher prise?

Tant que Vincent n'avait pas eu son accident, tout cela était très lointain pour moi. Evidemment. Mais ça n'arrive pas qu'aux autres, aujourd'hui, je le sais. Aujourd'hui, avec Pierre, j'épluche tout. Toute histoire qui ressemble à celle de Vincent nous intéresse. Je me souviens de cette affaire récente, un petit Sud-Africain. Il s'appelait Martin Pistorius. Il avait sombré dans un coma quand il avait onze ans. Peu à peu, il s'était réveillé – vers treize ans, je crois –, mais il restait prisonnier de son corps. Il ne pouvait rien manifester. Grâce à une soignante qui a perçu une infime réaction, on a commencé à prendre soin de lui comme il le fallait. Il s'est «réveillé» à vingt-quatre ans. Aujourd'hui, il est en fauteuil roulant, mais il a fondé sa propre entreprise, et il s'est marié...

Son histoire m'a interpellée, vous pensez bien! Elle prouve que tout peut arriver. Ce garçon qui était considéré comme dans un état végétatif, au bout de tant d'années, en est sorti. Et on a su qu'à partir du moment où il s'était intérieurement réveillé il entendait tout... Même en ce jour où sa maman, épuisée, a dit, pensant qu'il ne l'entendait pas : «J'espère que tu vas mourir maintenant.» Il était désespéré. Plus personne n'allait l'aimer, le soutenir...

J'ai toujours cru que, près d'une personne comme Vincent, il y a des paroles qu'il ne faut pas prononcer. Il ne faut pas exprimer de jugement sur ce qui va se passer. La preuve : cela peut arriver qu'elle entende.

Il y a eu le cas d'Angèle Lieby, à Strasbourg. On la disait en état de mort cérébrale, alors qu'elle ressentait tout. Elle ne bougeait pas du tout. Son cas n'a rien à voir sur le plan médical avec celui de Vincent. Mais comme lui, elle ne pouvait pas s'exprimer. Elle entendait tout : les bonnes choses comme les mauvaises. Comment on organisait ses obsèques... Une larme a coulé sur sa joue le jour où sa fille lui a dit qu'elle attendait un bébé que sa grand-mère ne pourrait jamais connaître... Et on a compris qu'elle était là, bien présente, bien vivante, même si elle était immobile et qu'elle ne réagissait à rien, même aux douleurs les plus atroces.

Le fait de m'informer, c'est vrai, m'a confirmée dans ma façon d'agir et de parler avec Vincent. Je fais plus attention que jamais à ne rien dire de négatif en sa présence : jamais, jamais, jamais.

Mais, plus encore, j'essaie de me mettre à sa place. S'ennuie-t-il ? N'a-t-il pas soif de savoir ce qui se passe autour de lui, et dans le monde, alors que pendant des journées entières il ne voit que son plafond ? Alors, chaque fois que je vais le voir, je lui dis quel jour nous sommes. Et l'heure. Je lui parle comme s'il était tout à fait présent à côté de moi. Je lui lis un article de revue, de journal...

Au début, il y avait une ardoise dans la chambre de Vincent, où quelqu'un – les aides-soignantes sans doute – marquait la date. C'est fini, et ça me chiffonne !

J'ai beaucoup d'affection pour ces aides-soignantes et infirmiers, souvent si dévoués. Certains en particulier nous comprennent, cela se voit. Je me souviens encore de cette infirmière qui partait à la retraite : lorsqu'elle nous a fait ses adieux, elle nous a dit : «Je vous souhaite beaucoup de courage, la situation de Vincent a entaché la fin de ma carrière.» Elle avait les larmes aux yeux...

Je vois bien aujourd'hui qu'on n'a plus ces petites attentions pour Vincent. Comme s'il avait été définitivement relégué dans le monde des morts-vivants... Autrefois, on mettait toujours un peu de parfum de Rachel dans la chambre, c'était une fragrance qu'il connaissait : on la lui faisait sentir, pour qu'il retrouve cette sensation familière. Depuis que le Conseil d'Etat a dit qu'on pouvait le faire mourir, il n'y a plus de parfum, il n'y plus de dessins de sa fille, il n'y a plus rien. Comme s'il n'était plus là. Cela me choque, et pour Vincent, cela me fait beaucoup de peine. On l'a abandonné.

Et c'est encore plus triste quand je pense qu'il s'en rend peut-être compte. Nous ne savons rien, au fond, de ce qu'il ressent réellement ! Aujourd'hui, tiens. Je suis allée le voir. Il n'était pas bien : comme en souffrance. Il me cherchait. Il avait une gêne, je le savais. Il avait le front plissé, il était tendu. Je lui ai demandé ce qui n'allait pas – oui, avec des mots. Je l'ai rassuré, j'ai caressé ses mains, je l'ai rafraîchi. Cela faisait très longtemps que je ne l'avais pas vu dans cet état. Je suis allée chercher l'infirmière. Très compétente, elle n'a pas attendu pour lui donner un Spasfon. J'ai vu Vincent se détendre... Je lui ai dit : « Tu n'as plus mal, tu te détends, ça va mieux... Ferme les yeux ! » Il a fermé les yeux, intensément.

Je l'affirme, j'ai cette communication avec mon fils. Il ne cligne pas des yeux pour me répondre – ça, il le fait tout le temps. Non : il les ferme intensément. Ça secoue ! Plus encore, cela m'émeut, me bouleverse. C'est une joie, évidemment. Mais en même temps cela me fait mal, en me faisant prendre conscience de manière encore plus vive du mal qu'on a fait à Vincent, et qu'on veut encore lui faire.

Vincent ne peut pas parler. C'est moi qui suis sa voix : je n'ai pas le choix. Qui d'autre peut exprimer ce dont il a besoin ? Parfois, sans doute, je fais les demandes et les réponses. Mais il y a un vrai dialogue qui s'est installé depuis fort longtemps. Connaissant Vincent – et je le connais, Vincent, je suis sa maman ! –, je sais ce qu'il attend de moi : la consolation, la douceur, l'amour d'une mère... Je ne peux que lui parler de choses belles, l'encourager. Je fais comme s'il était complètement là.

Quand son frère Joseph est venu le voir, j'ai demandé à Vincent s'il était content, s'il s'en était rendu compte. Je lui donne des nouvelles des uns et des autres. Je lui dis si j'ai l'intention de revenir dans la soirée. Je le préviens de mes absences, je le rassure, je promets de téléphoner pour qu'il entende ma voix. Je lui dis que son père sera près de lui, que son frère viendra davantage... Ce sont des riens. Mais je sais que c'est important.

20

Face aux médias

J'étais prête à me battre pour mon fils, depuis le départ. Les mères savent que ce combat commence pour chacun de leurs enfants, dès le premier instant où elles le voient – et même, souvent, dès avant sa naissance. J'étais prête à me battre, mais je n'étais pas préparée à devenir le centre de la focalisation médiatique. La presse a parlé de l'« affaire Vincent Lambert » dès le début. A l'heure où tout le monde médiatise, j'ai fait ce choix aussi. Je ne connaissais pas les médias, je ne pouvais pas imaginer le défi qu'il allait falloir relever... Mais une chose était claire. En face de nous, le Dr Kariger, Rachel, des « experts » de toutes sortes allaient multiplier les interventions.

J'ai appris – pour la première fois, peut-être – ce que sont vraiment les médias, comment ils fonctionnent. J'ai découvert à quel point ils disent ce qu'ils ont envie de dire, comment ils brodent à leur façon, comment ils choisissent leurs intervenants. J'ai vu des mécanismes bien huilés à l'œuvre : comment on fait pour privilégier tel point de vue, pour écarter ou déformer tel autre. Le neveu de Vincent, François, était invité à tous les micros, sur toutes les antennes. Mes propos étaient toujours raccourcis. Mal répercutés.

J'ai ressenti une hostilité de la part de certains journaux, de certaines radios ou télévisions. Je ne la comprends toujours pas. Pourquoi m'en veulent-ils de me battre pour la vie de mon fils ? Mais qu'est-ce qu'ils auraient fait à ma place, ces reporters ? Il y avait des journalistes femmes : ne pouvaient-elles même pas s'imaginer ce qu'une mère peut ressentir devant la violence d'un « protocole de fin de vie » qui consiste à faire mourir son enfant de faim et de soif ?

Pour la plupart, ils avaient leur idée toute faite sur « l'affaire Vincent Lambert ». Ils ont essayé de nous déstabiliser. Je me suis rendu compte à quel point c'est difficile de s'exprimer devant les médias dans ces conditions. Mais je me suis mis dans la tête, une fois pour toutes, que, lorsqu'on dit la vérité, on ne peut pas se tromper. C'est pour ça que j'avais confiance. Si j'étais déçue, après, en entendant le reportage, c'était parce que mes propos avaient été coupés, parce qu'ils ne reflétaient pas ce que j'avais réellement dit.

Sans compter les faits déformés.

J'ai vu comment on peut choisir une photo pour transmettre, pour manipuler un message... Le Dr Kariger – lui, il a usé et abusé des médias pour parler principalement de lui ! – n'était pas desservi par les images. Vincent, si. On s'arrangeait toujours pour le montrer de manière à le faire paraître plus atteint qu'il ne l'est. Pour dire qu'il ne bouge pas, qu'il ne « vit » pas. On le présentait comme un légume. Ceux qui ne disaient pas qu'il était en «état végétatif» prétendaient carrément qu'il était dans le coma. Les gens ont fini par croire qu'il avait des tubes partout, qu'il était relié à des tas de machines.

J'ai vécu cela des dizaines de fois avec des gens qui se posaient des questions. Ils écoutaient les médias et ils pensaient que nous voulions de l'acharnement thérapeutique pour Vincent. Mais quand je leur explique sa situation, telle qu'elle est, et que je leur montre des photos ou des vidéos, ils n'en reviennent pas. Ils comprennent enfin! Ils avaient été complètement désinformés...

Nous avons fait le choix, malgré tout, de ne jamais amener de journalistes au chevet de Vincent. Nous nous y sommes opposés. Le Dr Kariger l'a fait, lui, avec Rachel, en se faisant filmer à côté de Vincent. Les images qui ont été diffusées ne montraient pas qu'il a les yeux ouverts, elles s'attardaient sur ses mains recroquevillées. C'était très déplaisant... Et pour moi, douloureux. Je crois que si nous avions fait une démarche pareille, on l'aurait exploité contre nous.

Peu à peu, nous avons réussi à rectifier cette image. Aujourd'hui, des photos circulent qui montrent mieux l'état réel de Vincent. Et quelques journalistes m'ont soutenue. Je me souviens d'un journaliste qui m'avait enregistrée pour la presse régionale, dans le Midi. Après que ce reportage a été diffusé sur France Bleu, j'ai croisé des gens qui m'ont dit avoir enfin compris.

21

Ce n'est pas une histoire de foi

Je crois – je le redis – qu'une mère n'a pas besoin d'avoir la foi pour défendre son enfant. Appelez cela l'instinct si vous voulez, mais l'instinct est aveugle, et cela ne correspond pas à ce que j'ai vécu, ce que je vis toujours. Je l'aime et je ne supporte pas qu'on veuille prendre sa vie de force. Et comme n'importe quelle maman de n'importe quelle origine, de n'importe quelle culture, je me rebelle devant ceux qui ont cherché à lui faire du mal.

Mais dès l'instant où nous avons décidé de saisir la justice, les insultes ont commencé à pleuvoir. Si je voulais défendre la vie de Vincent, c'était par « idéologie », un point c'est tout. Si nous nous opposons au « bonheur » de Vincent – son désir de mort qui reste toujours à prouver ! –, c'est parce que nous sommes des « intégristes ». J'ai même entendu dire que nous sommes des talibans, des jihadistes. On ne nous aura rien épargné ! Toutes ces insultes, nous les avons reçues en pleine figure à l'un des moments les plus difficiles de notre vie, et sans raison. Il y a des mères qui protègent leur enfant sans être catholiques pratiquantes !

Vraiment, je l'ai mal vécu. Et s'il y a un quolibet que j'ai encore plus mal supporté que les autres, c'est celui d'« intégristes ». Eh bien non, nous ne sommes pas intégristes. Intègres oui, je l'espère. Mais être traité d'intégriste, c'est être assimilé aux horreurs commises en Syrie et ailleurs.

Moi, je suis catholique, voilà. Catholique aux yeux de Dieu ; bonne ou mauvaise, je ne sais pas, je n'ai pas à donner de qualificatif à ma foi, et je n'ai pas à justifier ma foi pour défendre Vincent. Et si je n'avais pas eu la foi, je l'aurais défendu de la même manière : un enfant c'est un enfant, c'est la chair de sa chair.

Je reçois des courriers de la part de personnes de la famille, d'autres plus éloignées, même de l'étranger : des lettres de réconfort, de soutien... Je sais bien qu'elles ne sont pas catholiques, mais elles vont dans le même sens que nous. Elles ont compris que c'est une question d'humanité. Un être humain, on ne le jette pas comme un Kleenex simplement parce qu'il n'a plus de vie autonome.

Je ne m'explique toujours pas pourquoi ma foi, celle de Pierre, serait une « mauvaise foi », alors que le Dr Kariger n'a jamais cessé de se mettre en avant comme chrétien, comme bon chrétien. Pourquoi ne l'a-t-on pas traité d'intégriste parce qu'il s'obstinait dans son projet de mort pour Vincent ? Pourquoi a-t-il le droit d'invoquer ses convictions catholiques alors qu'elles sont suspectes chez nous ? Question de rite religieux ? De messe en latin ? Mais c'est absurde. Croient-ils vraiment qu'une mère est manipulée par d'obscures forces théocratiques parce qu'elle ne veut pas voir son enfant mourir lentement de faim et de soif ?

Mais cela n'a jamais gêné la presse, que le Dr Kariger affiche sa foi. Moi, ça m'a fait mal. Car s'il est catholique, s'il tient à ce qu'on le sache, pourquoi en arriver là ?... Pour moi, il est en contradiction avec lui-même. Peut-être a-t-il voulu donner le change par rapport à nous, en disant qu'il est catholique comme nous et que, par conséquent, nous n'avons aucune raison de nous opposer à lui.

Notez qu'il s'est décrit comme « catholique modéré »...

Mais c'est un modéré féroce, alors. Féroce, il l'est devenu de plus en plus au fur et à mesure que nous avancions dans notre combat pour la vie de Vincent. Je ne peux pas m'empêcher de penser que son obstination à nous malmener dans l'opinion ait pu seule être une justification.

Pourquoi nous a-t-il persécutés ainsi ? Pourquoi s'est-il enferré ainsi dans cette histoire ? Au départ nous avions de bons rapports avec lui, il nous paraissait bon, honnête, humain. Je crois que c'est pour Vincent qu'il a, pour la première fois, personnellement mis en route une procédure collégiale, même s'il y en a eu d'autres dans le service. Nous avons été en tout cas les seuls à la bloquer, car nous avons été mis devant le fait accompli. Je pense qu'il s'est persuadé que nous allions nous incliner parce que nous tenions à notre famille. Il a très vite compris que nous nous serrions les coudes, mais il a semé le doute chez certains de nos enfants pour justifier sa position.

Et je pense qu'il avait aussi besoin de se donner raison à lui-même.

Comment voulez-vous que les rapports des patients et des familles avec le médecin n'en soient pas affectés ? Il y a eu un autre cas dans son service · une jeune maman qui avait fait un AVC en accouchant. Elle était dans le service de Vincent depuis plusieurs années. Je m'en souviens, elle était noire, elle était entourée de sa famille qui venait prier pour elle dans sa chambre. Elle est morte, cette maman d'un nouveau-né : une tragédie. Je n'ai pas pu m'empêcher d'en parler au Dr Kariger, de lui demander ce qui s'était passé. La même « procédure » que pour Vincent ? « Une septicémie », me répond-il.

« Je doute », lui dis-je. Comment voulez-vous que je ne doute pas... « Allons, madame Lambert... » C'est tout ce qu'il m'a dit. Je veux bien le croire, finalement. Mais pourquoi ma question l'a-t-elle gêné, puisqu'il trouve que c'est une si bonne solution ? Qui osera prétendre que l'hôpital Sébastopol de Reims est le seul où des patients sont traités de cette manière ? Combien de Vincent Lambert, en France ?

Devant les collègues de Kariger, Mme Oportus et Mme Simon, j'ai dit plusieurs fois ces derniers temps : « De toute façon, vous savez très bien que Vincent n'est pas le premier et qu'il ne sera pas le dernier. » Jamais elles n'ont réagi. Jamais elles ne sont revenues sur le sujet. Elles aussi trouvent la « procédure de fin de vie » normale. Tellement normale qu'elle a été mise en route pour Vincent sans même que nous soyons au courant. Ils se doutaient, le Dr Kariger l'a écrit dans son livre, que nous nous y serions opposés si nous en avions été avertis à temps, et c'est la raison pour laquelle ils nous ont caché la décision. Ils la trouvaient normale, mais par rapport à nous, ils n'étaient pas si tranquilles que ça !

Mais pas plus que nous, j'en suis sûre, ils n'ont imaginé les proportions qu'allait prendre « l'affaire Vincent Lambert ».

22

«Laisser mourir»? On en revient...

Ils auraient pu se méfier. Il suffisait de regarder ce qui s'est passé en Angleterre.

Cela fait déjà quelques années que des équipes de médecins y ont inventé un protocole de fin de vie qui ressemble beaucoup à ce qu'on a voulu faire subir à Vincent. Ils appellent cela le «Liverpool Care Pathway» : quand une personne souffre trop, ils prévoient l'arrêt de la nourriture et de l'hydratation, souvent avec une sédation, et ils attendent qu'elle meure.

Mais cette procédure a été utilisée pour des personnes qui n'étaient même pas en fin de vie : des vieillards atteints de pneumonie, des personnes très affaiblies, incurables... Des gens pour qui les soins auraient été très onéreux? Toujours est-il qu'il y a eu des scandales. Des gens expédiés vers la mort sans que leur famille soit consultée, parfois sans qu'elle soit mise au courant. La presse tabloïde n'a pas hésité à dénoncer ces affaires. Une élue de la Chambre des communes, qui a perdu sa mère de cette façon, qui l'a vue mourir, dans des souffrances abominables, de faim et de soif – et qui a réussi *in extremis* à sauver son père, gagnant ainsi pour lui des mois et peut-être des années de vie –, a été chargée d'une enquête parlementaire. Devant les abus, le recours au Liverpool Care Pathway a été interdit. On peut «sédater» et «laisser mourir» quelqu'un qui est vraiment à l'agonie et qui va mourir de sa maladie. En revanche, décider de «faire mourir» quelqu'un de cette manière, c'est différent.

Les autorités anglaises l'ont reconnu. Elles ont dit que ces procédures ne sont pas respectueuses de la famille, ni des patients, et qu'elles mettent en «fin de vie» des personnes qui n'y sont pas.

En France, il y a eu un autre «Vincent Lambert» : un cas dont on a beaucoup parlé. Hervé Pierra était lui aussi tétraplégique, cérébro-lésé. Les médecins l'ont «laissé mourir», comme ils disent, en arrêtant sa nourriture et son hydratation, sans sédation. Les parents de ce pauvre garçon l'ont vu agoniser pendant des jours, avec des spasmes et des signes de souffrance atroces : c'est de l'euthanasie, ça, je n'en doute pas, mais ce n'est pas une «mort douce»! Au contraire, c'est une procédure d'une grande violence.

Combien d'autres cas? Combien de gens qui ne savent pas se défendre, qui ne peuvent pas se défendre? Et nous? Si nous avions donné notre accord? Vincent aurait été une victime parmi d'autres... Aujourd'hui, une nouvelle loi va permettre qu'il y en ait encore beaucoup plus. Eh bien, loi ou pas loi, je n'ai pas à me taire.

Je parle pour sauver Vincent, je parle parce qu'il est condamné au silence. Mais je parle aussi pour tous ces autres Vincent. Des gens qui souffrent peut-être abominablement – car qu'en savent-ils, finalement, les médecins, de ce qu'ils ressentent ?

Et qu'on arrête de me dire que c'est pour les « laisser mourir ». Cela me met hors de moi. C'est pour les faire mourir. On les fait mourir. On se débarrasse d'eux. Sous prétexte qu'ils n'ont plus de relations. C'est un prétexte...

Le Pr Laureys – cela m'obsède toujours – a écrit qu'il y a plus de 40 % de faux diagnostics d'« état végétatif ». J'ai dit cela un jour au Pr Hervé Novella, à Reims, qui a remplacé le Dr Kariger. Il m'a répondu : « Le diagnostic, ce n'est pas important. C'est le pronostic qui l'est. » Qu'est-ce que cela veut dire ? Qu'on se moque de savoir que Vincent est conscient ou non, beaucoup, un peu ou pas du tout, mais qu'on peut le faire mourir parce que de toute façon on pense qu'il n'ira jamais mieux ?

Je veux le dire ici. Si Vincent était vraiment en fin de vie, nous n'aurions pas réagi de la même façon. J'aurais été en colère si on avait pris des décisions graves sans nous en parler. Le tout, c'est de respecter la personne dans sa dignité et de le soigner jusqu'à son dernier souffle. Je ne demande pas autre chose pour Vincent !

Vincent n'a plus ce minimum. Nous attendons, nous attendons sans cesse, au fil des décisions de justice, depuis des mois. Sous prétexte qu'il y a un conflit, on ne pense pas à l'intérêt du patient. Qu'est-ce qui empêche son transfert dans un autre établissement ? Au moins, il serait en terrain neutre! Au moins, on lui donnerait les soins qu'exige son état, et pas seulement le strict minimum : l'alimentation et la toilette. Il est comme suspendu entre la vie et la mort. Plus ça va, plus j'en suis accablée. Plus je suis révoltée. C'est inhumain. Et c'est ça tous les jours. Tous les jours.

Je veux bien que le personnel soit débordé. Mais une fois la toilette faite, la poche d'alimentation posée, les médicaments donnés, plus personne ne vient le voir. Si nous n'étions pas là, tous les jours, il serait seul. Et quand il a mal, il n'y a personne d'autre que nous pour le voir. Je l'ai dit aux médecins qui s'occupent de lui maintenant. Une de ces femmes m'a répondu : «C'est pour respecter votre intimité.» Elle a osé...

J'ai découvert Vincent, un jour, la tête dans le vide, derrière le bout du matelas. Son oreiller était tombé. J'ai eu peur! L'infirmière – très gentille – est venue tout de suite. Elle a relevé Vincent, et elle m'a rassurée. Mais si je n'avais pas été là, cela aurait pu durer longtemps.

23

Conseil d'Etat

Ma bataille pour Vincent aurait pu être celle-là : lui obtenir de meilleures conditions de vie.

Mais désormais le combat prend une autre dimension. Tout aurait dû s'arrêter après la deuxième décision de Châlons, notre deuxième victoire. C'est l'Etat qui est intervenu, c'est lui qui a relancé « l'affaire Vincent Lambert ». Il voulait faire établir le droit de mettre « en fin de vie ». Il a utilisé Vincent pour sa nouvelle loi – la loi qui répond à l'« engagement 21 » de François Hollande en vue d'une « assistance médicale pour terminer sa vie dans la dignité ».

Nous n'imaginions pas, au lendemain du 16 janvier 2014 et de la deuxième victoire à Châlons, les nouvelles fatigues et les nouvelles épreuves qui nous attendaient. Ces jours et ces nuits de combat : même les nuits, ces nuits hachurées, où je me réveille, où tout revient, où je ne me rendors plus. Notre vie n'avait pas fini d'être déboussolée. Mais je crois que nous avons eu des grâces, et que nous les avons toujours : Vincent est là et nous tenons pour lui.

Le ministre de la Santé, Marisol Touraine, a donc personnellement téléphoné à Rachel, comme celle-ci le raconte dans son livre. Mais elle a également appelé le directeur du CHU de Reims Sébastopol, qui ne voulait pas porter la décision de Châlons-en-Champagne devant le Conseil d'Etat. Il ne voulait pas continuer. Nous avons su qu'il a demandé au ministre un écrit pour confirmer ses dires, tant il était réticent.

Nous apprenons que Kariger renonce à faire appel. Plus tard, nous apprendrons par son livre qu'il ne se sentait pas soutenu par le CHU de Reims. Rachel et François, eux, vont prendre assez rapidement la décision de saisir le Conseil d'Etat, dès la fin de janvier 2014. Nous ne savons pas alors que la ministre est intervenue, même si nous nous rendons compte que tout cela dépasse, et de très loin, le cadre de « l'affaire Vincent Lambert ». Nous ne savons pas encore que c'est elle, Marisol Touraine, qui a conseillé vivement au CHU de Reims d'aller devant le Conseil d'Etat.

Mais avant que nous n'en soyons là, nous nous heurtons déjà à un premier obstacle. Après la deuxième victoire de Châlons, nous pensons l'heure venue de demander le transfert de Vincent. Ou à tout le moins une amélioration de sa prise en charge. Nous demandons rendez-vous aux deux médecins qui s'occupent de Vincent, Mme Oportus et Mme Simon – nous ne verrons plus le Dr Kariger –, dans l'espoir d'un dialogue enfin constructif. Quelle illusion ! Elles resteront très évasives.

Nous demandons un rendez-vous au directeur de l'hôpital. Seul à seul. Refus – à moins que nous n'acceptions la présence du Dr Kariger. Nous revenons à la charge. Il nous pose toujours la même condition. Comment pourrions-nous l'accepter ?

Pendant ce temps, nous goûtons chaque jour avec Vincent. Mais nous le savons, l'échéance approche inexorablement, et la tournure politique prise par « l'affaire Vincent Lambert », la multiplication des interviews, des articles de journaux, tout nous dit que ce sera difficile.

Il nous faut d'abord trouver un avocat au Conseil d'Etat, seul habilité à plaider devant cette juridiction. Nous nous reposions sur Jérôme, sur Jean Paillot qui connaissent le dossier de Vincent dans ses moindres détails ; nous sommes inquiets, un peu désorientés. Nous nous en remettons à Jérôme Triomphe qui nous propose de choisir Me Claire Le Bret : il a travaillé avec elle sur d'autres dossiers, nous voici en confiance. Nous ne la rencontrerons qu'au moment de l'audience. En attendant, ils se concertent. S'apprivoisent. Et travaillent tous ensemble, cette fois à trois. Le Conseil d'Etat, ce n'est pas un tribunal ordinaire et encore moins une cour d'assises. Les effets de manche ne servent à rien. On ne hausse pas le ton.

Cela n'empêche pas de s'impliquer. Nous devinons la masse de travail abattue par nos conseils, dans une matière totalement nouvelle. Jamais on n'a prétendu en France tuer un être humain au nom d'une loi qui est censée protéger sa santé et son bien-être – en tout cas, jamais on ne l'a fait ouvertement contre le gré de ses proches. Il faut le dire et trouver les arguments qui permettront aux juges de créer une nouvelle jurisprudence.

Tant de choses en dépendent ! La vie de Vincent, bien sûr. Mais aussi la future loi sur la fin de vie... Nous allons vers l'inconnu.

L'audience se tiendra très vite : le 6 février. Lorsque nous arrivons au Conseil d'Etat, la grande entrée est bondée : il y a des dizaines de journalistes, de la presse française et étrangère, des caméras partout, des appareils photo qui claquent. Nous sommes submergés, abasourdis. J'aperçois Marie : elle vient nous embrasser. Le personnel du Conseil d'Etat fait tout pour nous épargner les journalistes, ils nous conduisent rapidement à l'étage, et nous installent, loin de la foule et de nos adversaires, dans une grande pièce. Ils nous apportent des jus de fruits. Me disent de me détendre. Ils sont d'une gentillesse totalement inattendue dans un lieu comme celui-là... Je n'oublierai jamais l'humanité de ces gens qui ont si manifestement compris que nous avons le cœur serré – et pourquoi.

Mais l'heure tourne. Voici qu'ils nous conduisent à nos places dans la grande salle du contentieux où l'on s'apprête à plaider pour la vie d'un homme. Un condamné à mort y sauva sa tête, en 1962 : jugé sans appel par une cour militaire de justice, y obtint un arrêt déclarant sa condamnation illégale parce que l'absence de possibilité d'appel n'est pas conforme aux

« principes généraux du droit ». C'est le fameux « arrêt Canal ».

Le scénario n'est pas le même... Vincent n'est accusé de rien. Il n'a pas été jugé digne de mourir par une juridiction quelconque. Pourtant il a déjà frôlé la mort, et si nous n'en avions pas eu vent, « l'affaire Vincent Lambert » se serait arrêtée là : dans une tombe . Sans appel.

La salle du contentieux est impressionnante. Décor rouge et or, grands tableaux... Je m'en souviens, c'est étrange. Fait-on attention à ce genre de choses quand on vient demander la vie sauve pour son enfant ?

Mais l'accueil du Conseil d'Etat nous a un peu rassérénés. Nos trois avocats sont là, et celui de l'association des traumatisés crâniens qui s'est joint spontanément à la procédure, et qui va nous soutenir. Les débats ne vont pas nous paraître négatifs pour Vincent. L'espoir renaît.

Il y a pourtant des moments de tension. Kariger, qui n'a pas fait appel personnellement, intervient pour expliquer son intervention au nom du CHU Sébastopol. Il a décidé « en conscience et en responsabilité ». « Ce n'est pas la décision du Dr Kariger », ose-t-il avancer : « C'est quelque part une décision sociétale. »

Je me souviens aussi de l'avocat de Rachel qui crie au scandale : nous avons fait suivre notre belle-fille par un « détective privé » ! Rachel y reviendra elle-même. Une fois que les avocats ont plaidé, le président du Conseil d'Etat, Bernard Stirn, l'invite à parler. Rachel se lève, tout en noir, couleur de deuil. Elle a préparé quelque chose : elle lit. Elle m'accuse à son tour : je l'ai fait suivre. Pour voir s'il y avait un homme dans sa vie ?

Non ! Je désespérais de ne plus voir ma petite-fille. Nous n'avions aucune nouvelle. Elle avait quitté Reims sans que nous le sachions. Rachel avait déménagé sans que personne soit au courant. Je voulais savoir où était Clémence, où Rachel avait pu l'emmener... J'ai pensé à une solution. J'avais une cagnotte que je gardais pour gâter mes enfants et mes petits-enfants. Je me renseigne. Je cherche sur Internet. Il y a des cabinets qui proposent des « renseignements privés ». J'ai choisi celui qui me paraissait le plus sérieux et le plus discret.

Nous avions une petite idée : Rachel avait peut-être emmené Clémence chez son père, en Belgique. L'enquête l'a confirmé. Appelez-le « détective » si vous voulez : il est allé sur place, il a vu que le grand-père l'emmenait à l'école, et nous avons su où était scolarisée la petite. C'était très important pour nous : de savoir qu'elle allait à l'école, et qu'elle allait bien. C'est tout.

Rachel et son avocat en ont fait quelque chose de très différent.

Nous ne pouvons pas laisser l'audience se clore sur cette impression. Il faut répondre, expliquer. Il faut aller plus loin : si l'épouse de Vincent a parlé, sa mère ne peut pas se taire. Pour nos avocats, c'est une affaire entendue. Mais moi, je ne savais pas que j'aurais à prendre la parole. Pour moi, nos avocats s'exprimeraient, point... Jérôme se penche vers moi : « Maintenant, Viviane, il va falloir que vous parliez... Parlez avec votre cœur de mère.»

Je me glace. Je n'ai rien préparé. Je suis désemparée. Je réponds : «Non, Pierre va parler, il le fera mieux que moi, je ne parle pas en public, je ne peux pas.» Mais Pierre ne veut rien entendre. «Tu es la maman, il faut que ce soit toi! Tu diras que je te soutiens, mais c'est la maman qui doit parler.»

Je voudrais fuir, m'échapper de cette salle et de tous ces regards tournés vers moi...

C'est le Pr Ducrocq qui aura raison de ma peur. Sa voix tombe. D'une voix grave, très ferme, il me dit : «Pour Vincent, vous devez le faire.» Cela m'a beaucoup impressionnée. Et donné du courage.

Je n'ai pas le temps de me préparer : Rachel parle, je devrai me lever aussitôt qu'elle aura fini. Alors, je me suis dit en moi-même : «Ecoute : puisque tu dis la vérité, n'aies pas peur. Tu diras la vérité, n'aie pas peur.» Même si je ne sais pas bien parler – eh bien, tant pis.

Je ne me rappelle même pas ce que j'ai dit. On n'entendait pas une mouche voler. J'avais oublié tout le monde, je ne voyais plus personne. Et j'ai dit ce que j'avais à dire. J'ai certainement oublié des choses, importantes peut-être, mais j'ai parlé. Avec ce lourd poids sur les épaules : je parlais pour sauver mon fils. Je ne souhaite à aucune mère de vivre cela.

J'ai su, plus tard, que mes paroles ont porté. De nombreux journalistes ont paraît-il été touchés. On m'a raconté que j'avais parlé d'une voix forte et assurée.

Ce que j'ai dit ? Que si Pierre n'avait pas eu ce triple pontage, cette grave opération, j'aurais pu emmener Vincent en vacances. Que l'accord avait été donné. J'ai rappelé que personne ne nous avait avertis de la première « procédure collégiale ». J'ai dit que j'avais découvert par hasard que mon fils ne recevait plus aucune nourriture depuis plus de deux semaines – et très peu d'eau. Que le rendez-vous fixé à Pierre par le Dr Kariger nous aurait fait arriver trop tard.

« Heureusement que nos enfants nous ont avertis, sinon Vincent serait parti sans que nous ayons pu le voir... » A ces mots-là – on me l'a dit –, un silence épais envahit la salle. On m'écoute. On m'entend raconter mes bons rapports avec Rachel, jusqu'à cette « procédure de fin de vie ». Il paraît que ma voix se brise lorsque je dis : « Nous ne voyons plus notre petite-fille depuis le mois de mai... »

Je me rassieds, le cœur battant, émue. Cela sera-t-il suffisant ?

Le conseiller Bernard Stirn prend la parole. Nous nous attendons à entendre la date où il rendra sa décision. Il dit : « Je constate la très grande difficulté des questions posées ; sur le plan juridique, sur la portée de la loi et le pouvoir du juge et son office particulier dans le référé-liberté. Au-delà apparaissent des interrogations déontologiques, des questions éthiques et humaines. L'ampleur de ces questions empêche qu'un seul homme décide. »

Est-ce une manière de dire qu'Eric Kariger ne pouvait décider seul de la mort de Vincent Lambert ?

Mais non : Bernard Stirn parle pour lui. Sans même lever l'audience pour se retirer, réfléchir, il rend sa décision.

Coup de théâtre L'affaire est renvoyée devant l'« assemblée du contentieux », la formation collégiale du Conseil d'Etat, la semaine suivante.

Tout est à refaire.

24

La torture de l'attente

Après toute la tension de cette première audience, si lourde en émotions, devant le Conseil d'Etat – nous la préparions depuis des mois –, apprendre qu'il va falloir subir de nouveau cette même épreuve me donnerait presque envie de baisser les bras. Je me sens vidée, victime de forces qui me dépassent. Que cherchent-ils à faire ? A nous épuiser nerveusement et mentalement ? Est-ce si difficile de comprendre que ce jeu de montagnes russes est trop cruel ? Le tribunal administratif avait tout de suite pris la décision de réunir neuf juges, lors de notre référé de janvier 2014, prenant la mesure de la gravité du dossier. Le Conseil d'Etat n'aurait-il pu en faire de même ? En convoquant tout de suite l'assemblée du contentieux ? Cela nous aurait épargné cette déception – cette double peine...

A moins que... A moins que le conseiller Bernard Stirn n'ait perçu, au cours de la première audience, ce qu'il n'avait pas compris plus tôt : combien « l'affaire Vincent Lambert » est capitale. Dans tous les sens du terme.

Cette interprétation est décidément trop bienveillante. Nous apprendrons plus tard, par Me Le Bret, que tous les présidents de section étaient présents à cette audience. Tout était déjà prévu avant même l'audience... L'affaire serait jugée en assemblée plénière. C'est délibérément qu'on nous soumet à ce jeu cruel.

Mais je reprends courage. De toute façon, je n'ai pas le choix. Si je dois défendre Vincent, le protéger, ce n'est pas à moi de choisir, de préférer tel champ de bataille à tel autre. Toutes les mamans savent cela : quoi qu'il arrive, il faut être là pour son enfant, et aller résolument de l'avant. Pendant de longues années, il a vécu sa vie d'adulte, celle qu'il a choisie ; il nous a quittés pour se marier, et c'est bien ainsi. Maintenant, il a de nouveau besoin de moi. Comme un homme blessé sur un champ de bataille, et qui appelle sa mère... Je serai là. Je te le promets, Vincent.

Il n'empêche que le coup est très dur. Je m'étais préparée à une décision définitive. Je n'avais même pas encore pensé à la possibilité d'aller devant la Cour européenne des droits de l'homme. Qu'avons-nous gagné : un simple répit ? Une semaine de plus, pour Vincent ?

La deuxième audience devant l'assemblée du contentieux du Conseil d'Etat, le 13 février 2014, grave un souvenir terrible dans ma mémoire. Je n'oublierai pas la longue intervention du rapporteur d'Etat, Rémi Keller. J'ai beau ne pas comprendre grand-chose aux termes juridiques, le sens de son propos est hélas très clair. Il va conclure, c'est certain, à la légalité de la décision du Dr Kariger...

Rémi Keller rejette, point par point, toute contestation d'une interprétation de la loi ouvrant le droit à la « procédure de fin de vie » pour les personnes qui ne sont pas en fin de vie. Il parle de ce qu'on fait aux Etats-Unis, dans d'autres pays européens. La nourriture et l'hydratation administrées par sonde ? C'est un « traitement médical ». Pour Vincent – reconnaît-il –, la nourriture n'est ni « inutile », ni « inopérante », ni même « disproportionnée » : c'est un geste qui n'est pas lourd, et il ne fait pas souffrir.

Reste l'obstination déraisonnable. Rémi Keller la résume à ceci : elle existe si l'état de Vincent ne peut s'améliorer. Si Vincent n'a aucun espoir de progresser, alors continuer de le nourrir est une obstination déraisonnable, et on peut arrêter de le faire, quitte à le faire mourir. Mais comme il n'a pas une réponse certaine sur ce point, le rapporteur propose d'en appeler à des experts.

Quoi qu'on décide, une chose est déjà solidement établie : la loi Leonetti, selon Rémi Keller, peut être utilisée pour mettre en place une euthanasie lente.

La décision sera rendue le lendemain. Nous voici une nouvelle fois dans l'angoisse.

25

Expertiser Vincent…

La décision du 14 février nous laisse un peu d'espoir. Le Conseil d'Etat ordonne que Vincent soit soumis à une expertise. Il estime que le dossier médical auquel il a pu avoir accès n'est pas suffisant pour trancher : trop ancien – et puis il y a eu ces « indications médicales contradictoires » données au cours de l'instruction et à l'audience. Pour moi, c'est très clair : cela veut dire qu'au moment où Kariger a remis en route la « procédure de fin de vie », il ne disposait pas de suffisamment d'éléments pour que cela puisse se faire de manière légale.

L'assemblée du contentieux du Conseil d'Etat impose en réalité à Vincent la même sorte d'épreuve qu'à nous. Nous avons dû revenir pour la deuxième audience, une semaine après la première. Vincent, qui a subi déjà des batteries de tests pour essayer de connaître la réalité de son état, au Coma Science Group de Liège trois ans plus tôt, va devoir subir une expertise confiée à trois médecins. Je vis cela comme une nouvelle épreuve pour lui. Une épreuve peut-être plus pénible encore que je ne l'imagine : après tout, personne n'est capable de dire avec certitude comment il va la vivre, la percevoir.

Les experts, une fois nommés, auront deux mois pour examiner Vincent. Ils devront examiner l'état clinique de mon fils, constater si ses lésions cérébrales sont «irréversibles», donner un pronostic clinique, déterminer s'il «est en mesure de communiquer, de quelque manière que ce soit, avec son entourage», et se prononcer sur «l'existence éventuelle de signes manifestant une volonté d'interruption ou au contraire de prolongation du traitement qui le maintient en vie».

Le Conseil d'Etat n'en reste pas là. Il demande à l'Académie nationale de médecine, au Comité consultatif national d'éthique – le CCNE – et au Conseil national de l'ordre des médecins de présenter leurs «observations écrites». Mais aussi – pour nous, c'est un point inquiétant – à Jean Leonetti, rapporteur de la loi au nom de laquelle on a voulu faire mourir Vincent... Jean Leonetti qui a déjà, publiquement, et sans avoir jamais vu Vincent, expliqué que sa loi, la procédure collégiale, l'arrêt de nourriture et d'hydratation étaient bien faits pour lui...

Je veux avoir confiance. Mais je vois avec effroi ce que l'assemblée du contentieux a déjà décidé, en ce 14 février 2014 :

«Le Conseil d'Etat a d'ores et déjà jugé que l'alimentation et l'hydratation artificielles de M. Vincent Lambert constituaient un traitement au sens de la loi du 22 avril 2005 et que les dispositions de cette loi relatives à l'arrêt de traitement en cas d'obstination déraisonnable peuvent s'appliquer que le patient soit ou non en fin de vie. » Et elles « peuvent donc concerner l'état dit pauci-relationnel dans lequel se trouve M. Vincent Lambert », dit froidement son communiqué.

Cela veut dire que le Conseil d'Etat ne va pas se borner à juger si la décision du Dr Kariger était légale ou non. Il va juger à son tour de la vie ou de la mort de Vincent. Il s'en donne le droit au nom de la loi Leonetti. Il ouvre la porte à des dizaines, des centaines, peut-être des milliers d'« affaires Vincent Lambert » – des affaires qui n'aboutiront plus devant les tribunaux. Faire mourir quelqu'un de faim et de soif, même s'il n'est pas en fin de vie, c'est désormais normal, conforme à la loi : le Conseil d'Etat l'a proclamé.

Pour moi, dès ce jour-là, les choses sont claires. Il y a un parti pris favorable à l'euthanasie lente. La nomination de Jean Leonetti, invité à se prononcer sur « l'esprit » de sa loi, est un signe. On ne s'en tiendra pas à ce que la loi affirme clairement, mais à ce qu'il pense. Au bout du compte, les rapports du CCNE et de l'Académie nationale seront favorables à la vie de Vincent. Mais Jean Leonetti est dans l'autre camp, et j'ai vite l'impression que c'est son avis qui importe.

Les mois qui vont suivre seront lourds de tension, d'attente angoissée. C'est la dernière ligne droite... Les experts vont arriver à Reims. Ils vont voir Vincent pour la première fois.

Le jour approche ; il est là. Il sera horrible.

La veille, l'avant-veille, Vincent était très bien, éveillé. Mais ce jour-là, le jour de la visite des experts, Vincent est endormi. Endormi comme il ne l'est jamais pendant la journée. C'est ainsi que je le trouve en allant le voir le matin – à ce moment-là, on accepte encore que nous lui rendions visite dès 10 heures. Ce que je vois me laisse perplexe... Je sais qu'on lui a donné quelque chose : c'est évident.

Nous avons rendez-vous avec les experts – le Pr Marie-Germaine Bousser, le Pr Lionel Naccache, le Pr Jacques Luauté – en début d'après-midi. Vincent est toujours dans le même état. Ils nous rencontrent, nous écoutent. Jérôme est à nos côtés, ainsi que le Pr Ducrocq et le Dr Jeanblanc. Je dis que Vincent n'est pas dans son état habituel. Mme Bousser saisit tout de suite ce que je veux dire. Elle me demande si je soupçonne que Vincent a été mis sous sédatifs. Oui, je le soupçonne ! Vincent n'est jamais dans un tel état. Quand il fait la sieste, un peu de bruit le réveille. Là, rien. Il est absent. J'ai beau essayer de le réveiller, il ne réagit pas.

Pour les examens suivants, Vincent est emmené à La Salpêtrière pour une petite semaine. On le sort de son environnement habituel. Cela nous inquiète. Le voilà dans un endroit absolument inconnu ; il sera seul au moment des examens. Aucune voix connue pour le rassurer... Les examens cliniques, au nombre de neuf, varieront entre une demi-heure et une heure et demie. C'est peu pour prendre la réelle mesure de son état, beaucoup trop peu face à une situation aussi complexe et fluctuante que celle de Vincent. Ce n'est pas nous qui le disons : ce sont les médecins spécialistes de ces questions qui ont aidé nos avocats à présenter nos observations aux experts.

Bien sûr, Pierre et moi prenons également la route pour Paris pour pouvoir rester au maximum auprès de lui. Nous lui rendons visite chaque jour. Mais nous ne pouvons pas rester en permanence avec lui. Pour nous, c'est dramatique. Nous savons : là encore, le Pr Ducrocq et le Dr Jeanblanc nous l'ont dit, que les personnes en état pauci-relationnel, sensibles à leur environnement, peuvent avoir des « scores » très différents selon qu'ils se trouvent avec des personnes connues, des voix familières, ou des étrangers. Vincent est dans le pire contexte possible pour passer des examens...

Ceux-ci vont tout de suite révéler de petites escarres. Nous le signalons à Mme Oportus et à Mme Simon. Mme Oportus réagit au quart de tour. Ce n'est pas possible. « Ce doit être les sangles qu'ils lui ont mises pour l'attacher au moment des examens. » Je pense aux larmes de Vincent lorsque nous l'avions trouvé, mourant, le 20 avril 2013. Ce jour-là, c'était la « conjonctivite ».

Les examens vont-ils permettre d'avoir des certitudes sur l'état de Vincent ? Le Pr Ducrocq nous a expliqué leurs limites. Ils peuvent apporter la preuve qu'un état de conscience existe. Mais s'ils ne trouvent pas cette preuve, cela ne prouve pas que l'état de conscience n'existe pas...

Les rapports d'expertise mobilisent nos avocats et amis médecins, le Pr Ducrocq et le Dr Jeanblanc. Il faut répondre, faire des observations. Se battre pied à pied. Me Claire le Bret se charge de mettre cela en termes juridiques. De ces documents techniques, je me rappelle d'abord ceci : les variations constatées sont tellement minimes que les experts, voyant Vincent pour la première fois, ne peuvent parler avec certitude de « dégradation », comme la presse l'a affirmé. D'ailleurs ils se gardent bien de s'exprimer en termes aussi nets. Elle est « suggérée », affirment-ils. Ils utilisent le conditionnel, des termes nets pour évoquer une « légère dégradation », mais néanmoins prudents.

Affirmations, hypothèses, interrogations d'expert se succèdent : elles seront prises pour un diagnostic sans appel par le Conseil d'Etat. Celui-ci n'attendait-il que ça ?

Le Dr Jeanblanc, le Pr Ducrocq essaient de faire admettre – rappelant à plus d'humilité devant la réalité – que tous les experts ne mènent pas leurs examens de la même façon, avec les mêmes critères. Comment ont-ils comparé leurs résultats avec ceux du Coma Science Group, trois ans plus tôt ? Les experts nommés par le Conseil d'Etat parlent-ils de choses vraiment comparables ? Le Dr Jeanblanc en doute. Et moi, je réagis avec mes tripes : les entendre évoquer une « régression » de Vincent, c'est encore un coup de poignard en plein cœur.

Un double coup de poignard. Si Vincent a régressé du point de vue clinique – je dis « si » ! –, il y a une raison toute trouvée. Voilà vingt mois qu'il n'a plus de kiné. Et cela fait plus longtemps encore qu'on ne le sort plus de son lit. Et puis – nos médecins soulèvent ce point auprès des experts – le long jeûne forcé de Vincent, du 5 avril au 12 mai 2013, a pu avoir des conséquences néfastes. L'hypoglycémie peut abîmer ou détruire les neurones...

Mais ces mots – la « régression », cet « état végétatif » dont on ne parlait pas auparavant – me font d'autant plus mal que moi, sa mère, je vois Vincent au quotidien. Je vois, je sens ses réactions. Elles ne sont pas fréquentes, mais elles sont bien là. Je crois même que Vincent a progressé, ces derniers mois : je l'ai vu, Pierre l'a aussi vu soulever sa jambe droite – et non pas simplement la remuer. De plus en plus souvent, Vincent arrive à fermer les yeux intensément quand je lui demande de le faire. Il faut qu'il soit détendu, que je lui parle lentement pour qu'il puisse assimiler ce que je dis. Mais c'est quelque chose de manifestement volontaire, pas un réflexe. Bien sûr, cette communication reste très fragile : Vincent ne sait pas manifester qu'il veut dire « oui » ou « non », mais elle est bien là. « Etat végétatif », disent-ils ? Je n'y crois pas une seconde ! Quand les experts affirment qu'il a perdu toute forme de conscience, je sais bien que ce n'est pas vrai.

Et pourquoi ce terme ? Parler d'« état végétatif », c'est évoquer un légume. Les spécialistes préfèrent parler d'« état d'éveil sans réponse ». Ils savent bien, nos avocats et médecins le leur ont écrit, qu'il y a 41 %

des risques de se tromper dans ce diagnostic. Pourquoi sont-ils si affirmatifs ? Ils savent bien pourtant que ces patients passent d'un état à un autre.

J'en suis profondément convaincue : un patient comme Vincent, il faut passer du temps avec lui, il faut l'observer, le connaître ! Ce n'est pas pendant le court moment où une infirmière ou une aide-soignante vient le changer qu'elle peut constater les réactions et l'état de son patient au long cours : il faut le voir au quotidien. Car ce sont de toutes petites choses vécues au jour le jour qui finissent par former une image, plus juste.

Mon intuition rejoint ce qu'en disent nos médecins.

Mais aux experts, il a suffi de quelques jours pour donner leur verdict. Des jours où Vincent n'était pas dans son cadre habituel – si important pour les patients en état de grand handicap pour trouver leurs repères et être en confiance. Et sans doute pas au meilleur de sa forme – car Vincent a des hauts et des bas. Je ne doute pas du sérieux ni de la compétence des experts, mais leurs conclusions m'auraient certainement paru moins... insuffisantes s'ils avaient vu Vincent sur une plus longue période.

Vincent subit plusieurs examens cérébraux dont les résultats sont jugés « compatibles » avec un « état végétatif » (encore une fois, ils ne prouvent pas son existence). Il y aura une IRM « topographique » ; pas d'IRM fonctionnelle qui examine les réactions du cerveau devant des stimulations de diverses sortes. Pourquoi ? Nous ne le saurons jamais.

26

Arrêt de mort

C'est de toute façon sur la foi de ces rapports que le Conseil va prendre sa décision. Après de nouveaux échanges de mémoires et une nouvelle audience de plaidoirie. Elle sera rendue, publiquement, le 24 juin 2014. Il va falloir s'armer de courage, une nouvelle fois. Nous décidons que Pierre restera auprès de Vincent : pas question de le laisser seul ! C'est moi qui viendrai à Paris avec nos avocats : David est empêché par son travail, Anne ne peut pas venir, cette fois, du bout de sa Bretagne. C'est moi qui écouterai les juges, moi qui affronterai les médias, s'il le faut. Si la décision nous est défavorable – je le sais d'avance parce que nous avons subi l'hostilité de la plupart d'entre eux depuis des mois –, ils n'auront aucune pitié. Pour eux, je ne suis pas une mère qui défend son enfant, je suis une intégriste au cœur de pierre qui veut faire souffrir un homme le plus longtemps possible, pour mon propre plaisir sans doute. C'est l'image qu'ils ont donnée de moi.

Dès le 23 juin au soir, sur les conseils de Jean Paillot et de Jérôme Triomphe, nous déposons un recours devant la Cour européenne des droits de l'homme contre l'euthanasie de Vincent. Nous l'avons saisie en urgence : notre grande crainte, c'est que tout aille trop vite si le Conseil d'Etat nous donne tort. Je l'avoue : j'ai peur pour Vincent.

L'attente est douloureuse. Encore...

24 juin 2014. Jour affreux. Horrible. Je me souviens d'avoir aperçu Véronique Fournier, ce médecin cardiologue qui dirige le Centre d'éthique à Cochin, qui a déclaré lors de la « collégiale des médecins » que Vincent était « gommé ». Et qui l'a répété : elle a osé l'écrire dans *Libération* le 16 janvier 2014 en parlant de lui. Les experts ont affirmé que l'état de Vincent s'était « dégradé » par rapport au diagnostic posé à Liège par le Coma Science Group. Ils le classent en « état végétatif ». Mais ils ajoutent que cela n'est pas une raison pour le mettre « en fin de vie ». « Le degré de l'atteinte de la conscience ne saurait constituer le seul élément déterminant de la mise en route d'une réflexion concernant un éventuel arrêt de traitement », disait leur rapport d'expertise. L'avocat de Rachel avait demandé, en vain, que cela en soit ôté. Le Conseil d'Etat décidera en conséquence.

Le moment de la lecture de la décision par le président du Conseil d'Etat l'est davantage encore. C'est long. Très technique. Ils ont remplacé tous les noms propres. Malgré tout, je comprends vite où le Conseil d'Etat veut en arriver, envers et contre les experts.

Lorsque, à la fin de ce texte interminable, les mots fatidiques tombent, je ne suis pas sûre d'avoir compris, tant la présentation de tous les points de vue des parties au procès a fini par brouiller les cartes. Ce que l'assemblée du contentieux décide à propos de Vincent tient en quelques mots, au milieu de « considérants » sans fin, noyés dans la masse : « La décision du 11 janvier 2014 du Dr H... de mettre fin à l'alimentation et à l'hydratation artificielles de M. J... I... ne peut, en conséquence, être tenue pour illégale. » Je ne sais pas encore que ces mots signifient que Vincent n'a plus le droit de vivre...

C'est Jérôme qui me le fera comprendre. Il me tenait la main : il la serre plus fort. Il se penche vers moi : « Viviane, c'est fichu. C'est terminé. » Ses mots me font l'effet d'un couperet. Vous dire la profondeur de ce choc ? Nous en avions vu d'autres, mais là, j'assiste à une condamnation à mort.

Il n'y a plus d'appel possible devant les juridictions françaises. Dès cet instant, le Dr Kariger peut passer à l'acte.

Des mois de stress, de hauts, de bas, d'espoirs déçus, de lutte incessante n'ont pas réussi jusque-là à me faire craquer. Mais à ces mots, tout s'écroule. J'éclate en sanglots. Je ne peux pas m'arrêter de pleurer. Je ne peux pas bouger. Je reste assise. Les conseillers d'Etat ne quitteront la salle qu'après notre sortie : je n'y arrive pas. Jérôme me réconforte. Je reprends peu à peu mes esprits. Mais j'ai toujours l'impression d'être écrasée par cette justice. Et plus encore par le pouvoir de l'Etat. Ce ne sont pas des juges qui ont décidé que l'on pouvait faire mourir Vincent Lambert : ce sont des hauts fonctionnaires. Poussés par le ministre de la Santé qui a pris fait et cause pour ce combat... Nous nous sommes heurtés à une volonté politique. J'en reste accablée.

Jérôme me racontera que le président Jean-Marc Sauvé et le juge Stahl soutiennent nos regards. Le juge rapporteur de l'affaire, Sophie-Caroline de Margerie, et le président Bernard Stirn sont décomposés. Ils regardent leurs chaussures : qu'ont-ils voté ?

Quant à moi, tournant la tête vers nos adversaires, de l'autre côté de la salle, j'ai cru voir leurs petits sourires. Cela ne m'a pas semblé très... approprié, s'agissant de la mort d'un homme, et sachant que j'étais là, pleurant sur le sort qu'on réservait à mon fils. Oui, j'ai trouvé cela indécent.

Nous avons été, comme les premières fois, très bien pris en charge par le personnel du Conseil d'Etat, toujours aussi humain. Ils m'ont fait asseoir dans une salle à l'écart, ils m'ont apporté à boire. Ils ont compris, eux, que ce n'était pas une affaire ordinaire, un simple procès perdu... Pendant que nos avocats préparent des communiqués, envisagent la suite – ils sont dans l'action –, j'ai vraiment besoin de rester seule. Anne, David m'appellent pour me soutenir. Puis des amis. Pierre a appris la nouvelle en direct, par la télévision. Il reste seul auprès de Vincent. J'ai hâte d'être à leurs côtés. Il faut que je retourne à Reims, dès ce soir...

Le personnel du Conseil d'Etat nous a fait sortir par une porte dérobée : personne ne nous a vus. Nous sommes restés encore un peu entre nous, jusqu'à ce que Jérôme me dise : « Allez, il faut aller parler aux médias. » Je ne peux pas garder le silence, alors qu'en face, on jubile. Il faut bien se relever, se forcer ! Ce que j'ai bien pu leur dire ? Je n'en sais rien. J'ai parlé de ma déception. Mais comment trouver les mots qui traduiront vraiment la tristesse de mon cœur, alors que j'ai déjà tant de mal à ne pas m'effondrer ?

Il reste, c'est vrai, l'espoir de voir la Cour européenne des droits de l'homme accepter d'examiner le cas Vincent Lambert. Notre recours introduit la veille attend une réponse très rapide. Jean Paillot resté en alerte à Strasbourg a immédiatement faxé la décision à la CEDH. Elle pourra être positive ou négative, la CEDH n'est nullement obligée de prendre le dossier et rien ne nous permet de prévoir ce qu'elle décidera. Mais lorsque tombe la décision du Conseil d'Etat, nous n'avons aucune nouvelle. Je suis de toute façon trop perdue pour m'y accrocher.

Après toute cette agitation, ce tourbillon, l'émotion, le stress, il va falloir prendre le train, le soir, seule. Vous savez, vous avez le temps de réfléchir... Vous avez le temps de méditer... Vous avez le temps de prier. J'ai hâte de retrouver Vincent. Mais il est trop tard. Les portes de Sébastopol sont fermées et me séparent de mon fils. Pierre m'accueille à l'appartement... La bataille que nous menons en commun est-elle terminée ?

27

Entre espoir et maltraitance

L'attente sera courte, heureusement. Le soir même de la décision du Conseil d'Etat, quatre heures plus tard, Jérôme Triomphe nous apprend la bonne nouvelle : la Cour européenne des droits de l'homme accepte d'examiner la recevabilité de notre requête. Et demande – c'est le point le plus important à ce moment-là, et c'est une première – la suspension de l'exécution de la décision du Conseil d'Etat, qui vient de donner le feu vert à la mise en œuvre de la décision du Dr Kariger du 11 janvier précédent en la jugeant légale. Et interdit que l'on transfère Vincent dans le but de le faire mourir : le Dr Kariger nous avait en effet dit qu'il autoriserait le transfert en Belgique si Rachel le demandait. Nous gagnons du temps. Victoire !

Mais la CEDH n'ordonne pas, comme nous l'avons pourtant réclamé, le transfert dans la maison Béthel dirigée par le Dr Jeanblanc, unité de soins spécialisée dans l'accueil des personnes dans la situation de Vincent.

Pour nos avocats, c'est une nouvelle procédure qui s'ouvre, dans la logique de la CEDH qui n'est pas celle des juridictions françaises : ici, on s'appuie sur la Convention européenne des droits de l'homme et il s'agit de protéger les droits et les libertés des personnes face à l'Etat. Jérôme Triomphe se remet à la tâche : c'est sa première affaire devant la Cour européenne, mais il connaît notre dossier à fond. Jean Paillot, basé à Strasbourg, est spécialisé dans les interventions devant la CEDH, il en connaît les finesses. Nous sommes en confiance.

Je mesurerai quelques mois plus tard leur degré d'implication, de dévouement, de sérieux, au matin de l'audience – le 7 janvier 2015 : ils ont travaillé ensemble toute la nuit, peaufinant leurs arguments, faisait tout pour qu'aucun détail ne manque. Rien ne doit manquer pour Vincent. Je crois qu'ils ont conscience de porter sa vie – un peu comme j'ai porté sa vie il y a trente-huit ans, et que je la porte toujours, maintenant qu'il a de nouveau besoin de moi comme d'une mère nourricière.

Entre juin 2014 et l'audience de la CEDH, il faut vivre cependant. Il faut continuer de se battre auprès de Vincent, pour essayer d'obtenir pour lui un peu plus de confort, lui qui ne reçoit plus que les soins de base. Les experts du Conseil d'Etat ont beau avoir constaté qu'il souffre peut-être au moment des soins du fait du raidissement de ses membres, rien n'est prévu pour le soulager. Nous demandons rendez-vous après rendez-vous auprès des consœurs du Dr Kariger

Celui-ci, entre-temps, a quitté le CHU de Reims. Il est parti dans le privé pour diriger une maison de retraite.

Les rendez-vous sont accordés mais n'aboutissent à rien. Ils sont même souvent tendus : nous insistons pour que Vincent obtienne un fauteuil, on nous répond que cela prend du temps, qu'il faut solliciter plusieurs devis... Rien ne se passe. Nous attendons encore. Vincent est figé dans le temps. Les médecins s'abritent derrière l'attente de la CEDH.

C'est pendant cette période, aussi, que Vincent commence à souffrir, beaucoup, de son alimentation. Il a des douleurs, des reflux, des régurgitations. Nous nous en inquiétons. Une fois de plus, nous nous heurtons à un mur. C'est à peine si on ne nous dit pas qu'il présente un «refus de nourriture», comme près de deux ans plus tôt on lui avait attribué un «refus de soins». Ce serait une issue rêvée, non?

Nous prenons conseil auprès du Dr Jeanblanc. Il n'hésite pas une seconde : Vincent souffre parce que le débit de son alimentation est trop rapide. Banal. Et puis c'est facile à ajuster. Nous redemandons à être reçus par les médecins de Vincent. Nous espérons qu'il va rapidement être soulagé... Mais cela aussi nous est refusé. Il n'est pas question de suivre les conseils d'un spécialiste des pauci-relationnels qui surveille quotidiennement la nourriture par voie de gastrotomie! Vincent a mal, souffre d'un inconfort grandissant, il semble que nous soyons les seuls à nous en soucier.

Le Dr Jeanblanc prend l'affaire à cœur. Il écrit aux médecins à plusieurs reprises, indiquant la procédure à suivre pour que Vincent ne souffre plus de l'administration de la nourriture. Et il double ses courriers, systématiquement, au nouveau chef de pôle : le Pr Henri Novella, qui remplace, je l'ai dit, le Dr Kariger. Est-ce lui qui a demandé que l'on fasse au moins l'essai de réduire le débit de l'alimentation de Vincent ? Je ne le saurai sans doute jamais. Le fait est que les médecins finissent par céder. Le résultat sera quasi miraculeux. Je retrouve Vincent paisible, sans douleur, sans inconfort.

Sauf que ce n'est pas un miracle. Si les médecins avaient bien voulu écouter, son long tunnel de douleur et de problèmes gastriques n'aurait duré que quelques jours, ou quelques semaines. En définitive, il aura duré plus de cinq mois et demi.

Ce n'est pas faute, pour nous, d'avoir demandé, insisté, supplié. On ne nous disait pas « non » : on se contentait de ne rien faire.

J'ai bien vu que les médecins étaient irrités par nos références au Dr Jeanblanc. Ils nous en voulaient de lui parler de Vincent, de lui faire confiance... de marcher sur leurs plates-bandes, sans doute. Nous essayions de présenter les choses avec diplomatie.

Lorsque enfin ils ont accepté l'aide du Dr. Jeanblanc – et que Vincent a récupéré, très vite –, une petite infirmière que j'aime bien, qui m'avait poussée à insister, est venue me dire qu'elle avait pris soin de lui signaler les améliorations.

Nous avons vu la médecin de garde, quelques jours plus tard. Et quand elle nous a demandé comment nous trouvions Vincent, nous avons souligné combien il allait mieux. Demandé, aussi, pourquoi elle avait tant tardé à essayer la solution que nous avions proposée depuis des mois. « C'est à nous de décider. Nous essayons plein de choses. Nous sommes intervenus, nous lui avons donné du charbon... » Et patati, et patata... Et ils vont nous dire qu'ils prennent bien soin de Vincent !

Ce qui est impensable, tout de même, c'est qu'il ait fallu attendre plus de cinq mois pour que l'on prenne en compte ce problème. Même s'ils ne l'avaient pas vu, nous étions là pour cogner aux portes !

Ces cinq mois m'ont paru très longs. Alors que nous avions toujours en tête la sentence de mort qui pesait sur Vincent, la perspective de l'audience à la CEDH, cette souffrance est venue s'ajouter à notre souci. J'étais désespérée : je ne supportais plus de voir mon fils souffrir, et j'étais impuissante. D'autant que je savais qu'il suffisait de quasi rien pour qu'il ne souffre plus.

On peut appeler cela comme on veut, mais Vincent, pendant toute cette période, a été gavé.

28

A Strasbourg, devant la CEDH

7 janvier 2015. Strasbourg. Il fait froid, gris... La masse de la Cour européenne des droits de l'homme se dresse devant moi, elle ressemble à un bâtiment industriel, tout en verre et en métal. Elle aussi est froide et grise... Mon appréhension est grande. J'ai mal dormi. Je me sens mal. Mais je n'ai pas la même impression que devant le Conseil d'Etat. Là, je savais que nous nous heurtions à la puissance de l'Etat. Ici, on est censés pouvoir obtenir justice face à la puissance de l'Etat. Nous avons au moins une chance d'être entendus...

Une fois de plus, Pierre est resté auprès de Vincent. David et Anne m'accompagnent : Anne est venue de Brest... Nos avocats arrivent, le Pr Ducrocq est là, le Dr Jeanblanc est venu en voisin. Je ne suis pas seule... Vincent n'est pas seul ! Il est porté par une partie de la famille seulement, mais un réseau d'amis, efficace, déterminé, travaille pour sa défense.

Sur le parvis, des dizaines de journalistes. L'impression d'être au centre de tous les regards. Je suis soulagée lorsque l'on nous conduit dans la grande salle d'audience de la CEDH, avec son décor dépouillé, sa solennité malgré tout : la Cour a confié l'affaire à la « Grande Chambre », composée de dix-sept juges. C'est une manière de reconnaître l'importance des questions qui se posent autour de Vincent Lambert. Pour nous, cela augmente encore la pression : la décision qu'elle prendra sera sans appel, définitive.

Paradoxalement, je me sens mieux qu'au Conseil d'Etat. Le contact me semble meilleur, plus humain... Lorsque Jean Paillot prend la parole, je suis saisie par l'élévation de son discours. Il met en évidence l'imprécision de la loi Leonetti : elle ne définit ni « l'obstination déraisonnable » ni la nature des « traitements » qui peuvent être arrêtés pour y mettre fin – et pourtant la décision de mettre un terme à la vie de Vincent repose sur ces mots. Il parle d'« insécurité juridique » : une notion qui porte, devant la Cour. Celle-ci est précisément chargée de vérifier si les citoyens des pays du Conseil de l'Europe sont régis par des lois claires, certaines...

Le représentant du gouvernement français venait de prétendre que l'« état végétatif chronique » de Vincent, accompagné d'une absence de perspective d'amélioration, justifiait un arrêt des traitements qui n'est pas une euthanasie, parce qu'il a perdu ses « capacités cognitives et relationnelles ». Jean Paillot balaie ses dires. A raisonner comme cela, le gouvernement français est en train de justifier la mise à mort d'un être humain parce que sa « qualité de vie » n'est pas assez bonne...

« Vincent Lambert n'est pas du tout en fin de vie. Il fait partie du monde des vivants. » Jean Paillot parle sans emphase, mais avec passion. Je l'entends dire – et ses paroles retentissent si fort dans mon cœur : « Alimenter est un soin, ne pas le faire, c'est une maltraitance. »

Oui, je suis là parce que Vincent souffre. Parce qu'on veut le faire souffrir, volontairement. Je suis là parce que je veux qu'il soit traité, de nouveau, comme un être humain. De quel droit des médecins ont-ils décidé qu'il était moins qu'un homme, et que, pour lui, la mort était la seule solution ? De quel droit l'Etat français a-t-il décidé qu'on pouvait le priver de nourriture jusqu'à ce qu'il meure ? Dans quel monde monstrueux vivons-nous ?

Jérôme Triomphe prend la parole. Je devine sa fougue sous la précision de ses arguments. Il va parler aux juges de ceux qui souhaitent la mort de Vincent : ceux qu'on ne voit plus à ses côtés, le Dr Kariger, qui a quitté l'hôpital, Rachel partie en Belgique. Nous – Pierre, David, moi… – nous sommes quotidiennement au chevet de Vincent. Nous sommes ses proches. Et Vincent a des droits : le droit de ne pas être poussé vers la mort sur la foi de paroles incertaines, soudainement rapportées par son épouse après cinq ans de silence. « Absence de preuve et garantie » : la CEDH ne pourra que les constater, puisque Vincent Lambert n'a laissé aucune indication écrite et prouvée de ce qu'il « aurait voulu ».

La Cour européenne des droits de l'homme est chargée de protéger les droits des personnes qui vivent dans les quarante-sept pays membres du Conseil de l'Europe. En 2012, l'Assemblée parlementaire du Conseil de l'Europe a adopté une relation qui semble taillée sur mesure pour «l'affaire Vincent Lambert». Elle a donné la réponse. Pourvu qu'on l'écoute...

«L'euthanasie, dans le sens de l'usage de procédés par action ou par omission permettant de provoquer intentionnellement la mort d'une personne dépendante dans l'intérêt allégué de celle-ci, doit toujours être interdite», dit-elle.

Oui : l'euthanasie, ce n'est pas simplement de «piquer» un malade pour le faire mourir. On peut euthanasier «par omission» : et alors ce n'est pas du «laisser mourir». Si Vincent était mort avant que nous n'ayons eu le temps d'obtenir notre premier référé devant le tribunal de Châlons-en-Champagne, ce n'aurait pas été du fait de son handicap, mais parce qu'un médecin avait décidé d'arrêter de le nourrir. Il serait mort de cela : de faim et de soif...

Mais la résolution de l'Assemblée parlementaire du Conseil de l'Europe est allée encore plus loin. Lisez plutôt :

«En cas de doute, la décision doit toujours viser à préserver la vie de l'intéressé et à en prolonger la vie.»

Des doutes? Dans l'«affaire Vincent Lambert», il n'y a eu que ça! Doutes sur le «refus de soins» qui a tout déclenché : les experts du Conseil d'Etat ont bien dit qu'il était impossible de savoir si les réactions de Vincent indiquaient un « refus de vivre ». Je n'ai pas besoin d'être experte pour le comprendre... Doutes sur sa volonté : personne n'a jamais pu apporter la preuve qu'il « n'aurait pas voulu vivre » dans l'état de dépendance où il se trouve maintenant. Doutes sur son état de conscience : qui peut prétendre savoir tout ce qui se passe dans la tête et dans le cœur d'un homme, jusqu'à son dernier souffle ? Même les experts du Conseil d'Etat, qui ont prétendu « déclasser » Vincent pour le faire passer de la catégorie des pauci-relationnels – avec un état de conscience minimale avéré – à celle de l'« état végétatif », sur la foi d'une « légère dégradation », ont reconnu combien ces diagnostics sont empreints d'incertitudes.

Les doutes doivent profiter à Vincent, à la vie de Vincent. Et moi, je n'ai aucun doute là-dessus : il est mon fils, il vit, personne n'a le droit de lui prendre sa vie. Même pas Rachel, « parce qu'elle l'aime », comme elle dit.

Rachel est là. J'ai failli me retrouver assise à côté d'elle... Je n'aurais pas pu. Mais elle me fait pitié. Elle est isolée. Toujours en noir. François est là, et Marie aussi, mais ils ne sont pas près de Rachel.

Mais cette fois, Marie n'est pas revenue vers nous. Elle a le regard dur. Sa sœur Anne est allée vers elle ; j'y ai vu une sorte de tentative du désespoir. Elles ne se sont pas parlé...

Ce qui m'a le plus marquée, lors de cette audience, c'est la séance des questions des juges aux parties.

Elle m'a rassurée. Je crois que ce sont ces sept questions qui m'ont donné foi dans leur humanité : cette impression qu'ils avaient compris les enjeux. On voyait bien que les questions avaient été préparées et réfléchies. Peut-être parce que le juge maltais, Vincent A. De Gaetano, chargé de les exprimer, semblait considérer son homonyme – notre Vincent – comme un être humain. J'ai remarqué en tout cas que les autre juges prenaient des notes

Ses questions portaient sur l'imprécision de la loi française, et sur la situation personnelle de Vincent. « La loi française indique-t-elle que l'alimentation est un traitement ? » Surtout, il a demandé pourquoi notre demande de transférer Vincent dans une « unité de vie » spécialisée n'avait pas été entendue : « Quel était l'obstacle juridique pour ne pas réaliser ce transfert ? Je n'ai pas compris... » « En réalité, aucun », répondra Jean Paillot.

Et pourtant, le CHU de Reims se comporte comme le propriétaire de Vincent.

C'est ce que je n'ai jamais compris non plus. Puisque Vincent n'est pas abandonné de ses parents, puisque des médecins sont prêts à le prendre en charge, puisqu'une place l'attend à la maison Béthel où les patients reçoivent les meilleurs soins possible, pourquoi doit-il rester enfermé à clef dans un hôpital de Reims où l'on ne voit d'autre horizon pour lui que la mort ? C'est absurde. Absurde et révoltant.

Au moment de sortir, je me suis exprimée devant les journalistes. Juste pour dire ce que j'avais à dire. Je me suis dégagée... J'ai besoin de calme. Je sais que les juges vont travailler. Ce qu'ils vont dire, décider, me préoccupe bien plus que la presse. C'est une attente qui commence à peser...

Nous déjeunons tous ensemble – nous tous qui portons désormais la cause de Vincent, nous qui donnons voix à son silence – lorsque tombe la nouvelle de l'attentat contre *Charlie Hebdo*. Les convives sortent leurs téléphones portables, annoncent les noms des tués. L'atmosphère est irréelle. Dans le monde des médias, « l'affaire Vincent Lambert » ne semble plus avoir tant d'importance : on ne parle que de *Charlie*. Au moins elle ne sera pas déformée, me dis-je.

Mais ce qui sera décidé pour Vincent aura des répercussions très profondes. Quelle que soit la décision qui sera prise pour son cas personnel, l'avenir de nombreux cérébro-lésés se joue à Strasbourg. Même si Vincent est sauvé. Va-t-on justifier le principe de l'arrêt de la nourriture et de l'hydratation ? Donner un poids inédit aux directives anticipées ? C'est un bouleversement de société qui se joue sous nos yeux : une révolution de la médecine où non seulement les médecins pourraient bien en venir à pratiquer de plus en plus d'« euthanasies par omission », mais où ils risquent d'y être contraints.

La Cour européenne est notre dernier rempart. Elle le sait – d'ailleurs, Jérôme le lui a dit. Nous sommes suspendus à sa décision : une vie humaine est suspendue à sa décision. Il n'y a plus qu'à attendre.

29

«Je suis Vincent Lambert»

Lorsque la Marche pour la Vie m'invite, fin janvier 2015, à participer en tête à sa 9e édition, j'ai un moment d'hésitation. Je suis touchée, émue de ce soutien qui va donner à Vincent une «visibilité» où son image – pour une fois – ne sera pas déformée. Mais je crains un peu le mélange des genres. Au fond de moi, je sais pourtant que le respect de la vie ne se divise pas. Elle est, elle doit toujours être la même, chaque fois qu'un être humain innocent est menacé : enfant à naître, vieillard en fin de vie ou ceux qui, comme Vincent, ne répondent plus aux critères de bonne santé et de «vie relationnelle» auxquels on est en train de réduire la valeur de la vie humaine. Je ne veux pas qu'on détruise les enfants dans le sein de leur mère. Je ne veux pas qu'on tue celui que j'ai protégé dans mon propre sein. C'est aussi simple que cela. Je dis «oui».

Cela a été un moment fort, enthousiasmant. Une très belle journée pour Vincent, pour moi : une consolation, même. Il y avait tant de monde, tant de jeunesse, ils nous ont tous soutenus. Vincent Lambert était au cœur de la Marche. Des milliers de gens portaient des boucliers : «Je suis Vincent Lambert.» Il est un symbole d'un acharnement dont on ne parle pas assez...

30

Ceci n'est pas une fin...

J'aimerais terminer ce livre sur une note d'espoir. Mais ces dernières semaines, je me sens mal. J'ai besoin de moments de solitude, de recul. Cela fait près de deux ans que dure cette rude, cette âpre confrontation avec des forces qui nous dépassent. Découragée ? Non. Fatiguée. Inquiète. J'ai manqué de voir mon fils mourir. Je me suis confrontée à des médecins, à des juges, à des journalistes, à tout un monde hostile qui me condamne parce que j'ai voulu que sa vie soit préservée, non dans l'« obstination », mais en demandant simplement qu'on reconnaisse que Vincent n'est pas en fin de vie. Et j'attends. J'attends.

Quand on attend un enfant, on a une date, un terme. Cette attente pour savoir si Vincent va vivre est indéfinie. Combien de nuits d'angoisse, encore ? Je m'accroche à l'idée que la Cour européenne peut arrêter cette folie... Et je refuse, finalement, d'envisager qu'il en soit autrement.

Et quand cela sera décidé, je le sais déjà, je n'aurai pas encore de repos tant que Vincent restera dans cet hôpital, sans soins particuliers, enfermé comme un prisonnier. C'est inacceptable. Cela n'a que trop duré.

Je n'aurai pas de repos tant que notre famille ne se sera pas retrouvée, autour de Vincent.

Une prière d'un autre temps, mais toujours si actuelle, me revient à l'esprit : celle du *Poverello* d'Assise, saint François.

« Là où est la haine, que je mette l'amour.

Là où est l'offense, que je mette le pardon.

Là où est la discorde, que je mette l'union.

Là où est l'erreur, que je mette la vérité. »

Ce sont les tâches que je dois accomplir. Toutes ces tâches. Pas d'amour sans vérité. Pas de vérité sans amour. Et je sais que je ne suis pas seule pour les mener à bien.

Ceux qui nous soutiennent ont été extraordinaires. Qu'ils soient médecins ou avocats, ils nous entourent de leur dévouement, de leur compétence, mais aussi de leur affection. Ils font bloc avec nous. Sans eux je me demande si nous serions encore à côté de Vincent... Si nous avions été seuls, Pierre et moi, le corps médical nous aurait-il écoutés ?

Je m'émerveille toujours. Pourquoi sont-ils venus avec nous, à nos côtés, avec tant d'amis anciens et nouveaux, défendre la vie de Vincent ? Ils ne le connaissaient pas... Que je me mobilise pour sauver la vie de mon fils, c'est normal après tout. Mais eux ? Ils ont leur vie bien remplie d'avocats, de médecins, de professeurs. En quoi cela leur importait-il qu'un inconnu tétraplégique, silencieux, immobile sur un lit d'hôpital quelque part en province, soit menacé d'une procédure que la loi semblait présenter comme normale ?

Leurs convictions ? Je crois qu'ils ont tous compris que la vie d'un homme, si fragile soit-elle, doit être protégée. Ils se sont sentis capables, et donc responsables d'aider Vincent qui ne peut plus se défendre tout seul – et de nous aider, nous, puisque nous ne suffisions pas à la tâche. Devoir d'humanité, tout simplement.

Au fil des pages, je me suis replongée dans toutes ces situations si douloureuses.

J'y vois maintenant – si c'était possible – encore plus clair. Tout ça, c'était pour Vincent. Je n'avais pas d'autre choix.

J'ai été, parce que je suis sa mère, sa « personne de confiance ». La personne de confiance, c'est celle qui recherche toujours le plus grand bien pour son proche malade, vulnérable, dépendant. Celle qui veut lui assurer le maximum de vie, sans lui imposer des souffrances inutiles. Je sens, parce que je suis sa mère, que le retrait de la nourriture et de l'eau, avec le seul objectif de faire mourir, est une grande violence. Et je me battrai toujours pour qu'on lui épargne cette souffrance... inutile et indigne des êtres humains que nous sommes. Vincent est digne, il le sera jusqu'à son dernier souffle !

Je ne veux pas jouer au jeu malsain de savoir qui l'aime, ou qui l'a aimé le plus. Je veux seulement qu'on revienne au réel.

La sagesse des siècles apporte une réponse : le jugement de Salomon. Souvenez-vous : qui était la vraie mère de ce nouveau-né réclamé par deux femmes ? Celle qui a accepté qu'on le coupe en deux, qu'on le détruise pour que chacune ait sa part ? Ou celle qui était prête à tout, même à le confier à sa rivale, pour qu'il vive ?

Moi, sa mère, je n'accepterai jamais qu'on lui ôte violemment ce que je lui ai donné sans retour ?

Table

1. Mon enfant se meurt! 7
2. «Procédure de fin de vie» 13
3. Il faut sauver Vincent! 20
4. «De toute façon, je recommencerai!» 29
5. Un «refus de vivre»? 31
6. «Survie artificielle» et «symbolique de la nourriture» 36
7. Mère courage? 41
8. L'accident 43
9. Dans l'«état pauci-relationnel», il y a «relation» .. 48
10. Des vacances avec Vincent... 54
11. L'enfant et le jeune homme 59
12. Les amis, la famille, les ennemis 67
13. «Ce que Vincent aurait voulu» 73
14. Deuxième tentative 77
15. Seul contre tous 84
16. Deux nouvelles victoires devant le tribunal administratif de Châlons 89
17. La prison 97
18. Pressions ministérielles 103

19. Ces «pauci-relationnels» qui communiquent.... 108
20. Face aux médias 114
21. Ce n'est pas une histoire de foi........................ 117
22. «Laisser mourir»? On en revient......................... 122
23. Conseil d'Etat.. 126
24. La torture de l'attente 135
25. Expertiser Vincent... 138
26. Arrêt de mort 146
27. Entre espoir et maltraitance............................ 151
28. A Strasbourg, devant la CEDH 156
29. «Je suis Vincent Lambert» 163
30. Ceci n'est pas une fin... 165

La photocomposition de cet ouvrage
a été réalisée par
GRAPHIC HAINAUT
59410 Anzin

Imprimé en France par CPI
en avril 2015

pour le compte des Éditions Plon
12, Avenue d'Italie 75013 Paris

N° d'impression : 128359
Dépôt légal : mai 2015